Olivia Toja

PENSÉES POSITIVES

pour booster son quotidien

Mes petites routines
MARABOUT

SOMMAIRE

Semaine 2
RECENTREZ-VOUS POUR **VOUS OFFRIR UN MOMENT *SLOW***

Cultivez le bien-être solo

Adoptez un mode de vie sain

Ralentissez pour vivre en toute quiétude

Libérez-vous de votre passé

Protégez-vous des personnes toxiques

L'enfer, ce n'est pas les autres

Limitez les flux médiatiques et culturels DOWN

Semaine 3
EXPLOREZ LE MEILLEUR **DE VOUS-MÊME**

Écoutez votre intuition

Transformez vos conflits en dialogue constructif

Cherchez l'optimisme

Dépassez vos limites

Commencez votre nouvelle vie

Puisez dans votre imagination

Exprimez votre vraie personnalité

Continuez en beauté

Intro

6 RAISONS D'ADOPTER LA UP ATTITUDE

1

Vous n'entendez que ça

Du positif, vous en êtes abreuvé ! Il suffit d'être assis dans une salle d'attente pour en prendre connaissance : tant de théories, de stars du *well-being*, de blogs, de réseaux sociaux, de citation vibrantes... qui vous donnent envie de vous y mettre. Ça tombe bien, vous avez vingt et un jours pour le faire.

2

Soyez bienveillant

Si vous êtes du genre à paniquer quand votre patron vous convoque ou à ruminer à la moindre remarque... c'est que vous êtes peut-être persuadé que le sort s'acharne contre vous. Arrêtez tout et respirez : c'est ce genre de croyance qui attire le mauvais œil !

3

Vous serez mieux que ces stars en position de lotus

Vous faites défiler les photos et ça vous semble lointain, voire irréel. Ici, pas besoin de baguette magique XXL pour avoir cette même aura lumineuse ! Vous allez apprendre à vous aimer et ça, ça vous rendra plus heureux (et plus beau).

Vous ne vous comparerez plus aux autres

4

Bien sûr, vous avez l'impression que les gens qui sourient à la vie sont ceux qui laissent glisser les soucis comme sur une toile cirée… Oui, ils profitent du moment présent et savent lâcher prise ! Ils ont une tête de gens épanouis. À vous de sourire : vous serez comme eux !

5

Vous allez accepter de vivre

Cette routine ne va pas démontrer que vous vivez dans un monde de Bisounours, mais plutôt que vous n'avez pas le bon filtre. Ce n'est pas se dire que vous arrêterez d'enchaîner les relations décevantes rien qu'en visualisant l'amour de votre vie dix fois par jour. Il s'agira de comprendre comment le négatif vous met en difficulté, en cherchant une façon d'agir plus valorisante, dynamisante et épanouissante.

6

Ici, pas de gourou

Pas de papesse du bien-être ni d'idole en carton, mais des pistes pour mettre en place de petites routines qui, jour après jour, vous aideront à tirer le meilleur de vous-même, à vous adapter selon les difficultés et à adopter un état d'esprit ouvert aux possibles.

Introduction
GLOSSAIRE DE LA **PENSÉE POSITIVE**

« Je vais trouver le bonheur. » C'est un bon début ! Mais il vaut mieux savoir pourquoi et comprendre ce qui vous pousse. En clair : regardez avec lucidité les racines du problème et réalisez que votre esprit est capable de grandes choses... mais qu'il peut aussi vous jouer des tours en se bloquant ! Vous allez parfois imaginer des scénarios délirants ou vous fixer seul des limites (franchement étroites). C'est le mode DOWN... La solution ? Ayez connaissance de votre fonctionnement pour redresser la barre.

Intro

TOUR D'HORIZON DES PENSÉES NÉGATIVES

Qu'entend-on exactement par « émotion » ? Il s'agit d'une réponse interne à un événement externe : elle permet de s'adapter à une situation et de trouver une solution. Mais dans le brouhaha des idées noires qui tournent dans votre tête, il faut commencer par cerner le problème en évaluant la situation : vous allez mettre des mots sur ces sensations vagues et désagréables qui doivent attirer votre attention.

Les émotions dites « négatives »

Vous les connaissez, ces moments où vous avez la boule au ventre, une réaction trop vive, un sentiment de gêne, un dégoût ou une envie subite de pleurer… Ces émotions font partie de votre quotidien et vont influencer votre existence (tout le temps !) : comprenez qu'elles reflètent votre intimité, votre moi intérieur. Elles sont donc précieuses ! Écoutez-les pour lire en vous.

La peur, la tristesse et la colère sont les trois principales émotions négatives mais connaissent une foule de déclinaisons et de nuances qui s'ajoutent à la palette.

À SAVOIR

Lorsque l'on parle « d'intelligence émotionnelle », cela signifie savoir exprimer ses émotions, avoir la capacité de les percevoir, d'en prendre conscience, de les comprendre (notamment en identifier l'origine), les formuler, puis les utiliser dans sa relation aux autres pour qu'elles soient entendues. Cette attitude permet de développer la conscience de ce qui se passe à l'intérieur de soi mais aussi chez les autres, et d'adapter son comportement en conséquence.

- **La peur :** c'est une émotion qui survient en présence ou dans la perspective d'une menace. Un stimulus extérieur (bruit, image, etc.) crée une « phase de choc » qui envoie au cerveau un message pour placer le corps en alerte (augmentation du rythme cardiaque et de la tension artérielle, vigilance décuplée) afin de pouvoir fuir ou éviter le danger potentiel.

  Son rôle : la peur vous alerte du danger et permet d'agir pour protéger votre intégrité physique ou psychologique.

- **La tristesse :** vous l'éprouvez lorsque vous êtes privé d'un besoin ou d'une personne qui a de l'importance pour vous. C'est une réaction due à un manque affectif ou matériel dont l'intensité dépend de sa valeur.

  Son rôle : elle vous indique une carence, un manque à combler.

- **La colère :** conséquence d'une insatisfaction, d'une injustice ou d'une douleur. C'est la responsable de votre frustration car elle va chercher l'obstacle de votre satisfaction.

  Son rôle : elle vous informe sur une insatisfaction en mobilisant tout le corps. Elle prépare à « l'attaque » pour conquérir ce qui vous apportera la satisfaction désirée. Elle fournit l'énergie pour vaincre l'obstacle qui se dresse devant vous.

Intro

Ces trois émotions ont une myriade de déclinaisons qui peuvent se combiner et produire des émotions négatives.

- **La culpabilité :** elle est le résultat de la transgression, réelle ou imaginaire d'une règle morale (mentir, tromper, voler, faire souffrir...). C'est un mix de remords et de regrets : vous êtes en colère contre vous-même, et l'assumer peut être très difficile.

  Son rôle : il y a une version « saine » qui représente un garde-fou pour rester dans le droit chemin, un peu comme votre garant du bien et du mal. Mais elle peut être source d'angoisse si vous refusez de l'assumer.

  Mon conseil : votre culpabilité vous semblera moins grave si vous la commettez « à regret ». Par exemple, vous aurez moins l'impression d'être égoïste si vous vous sentez coupable.

- **La honte :** c'est la version sociale de la culpabilité. Vous n'éprouvez pas de honte face à vous-même mais toujours « devant » les autres. La honte est liée au jugement et à la peur du rejet social. Elle est humiliante pour qui la subit, car elle donne le sentiment d'être indigne et inférieur aux autres.

  Son rôle : elle vous aiguillonne pour améliorer les points qui vous ont fait du tort. La honte est un formidable booster pour changer ! Mais en termes de relations sociales, elle joue un rôle de « régulateur », car elle fixe les limites à ne pas dépasser.

  Mon conseil : en tant qu'inhibition, voyez la honte comme positive quand elle limite vos comportements sans altérer votre identité. Elle signale une blessure narcissique profonde, permet de l'identifier : profitez-en, vous allez changer !

- **La jalousie :** elle est issue d'un sentiment d'insécurité, où peur et colère s'emmêlent. C'est la peur de voir votre place perdue au profit d'un autre ou la peur de ne pas être à la hauteur : votre besoin de reconnaissance est frustré. Vous éprouvez de la colère pour cette personne.

  Son rôle : elle informe sur l'image que vous avez de vous. Elle peut être stimulante et vous pousser à vous améliorer.

  Mon conseil : attention, elle peut devenir malsaine si vous vous laissez dépasser. Chercher à contrôler les autres pour éviter de vous mettre en danger vous mènera assurément à la catastrophe.

- **L'ennui :** il peut être un manque d'intérêt ou l'expression d'un profond décalage entre ce que vous voudriez faire de votre existence et la fadeur de votre quotidien.

  Son rôle : l'ennui permet de prendre conscience que vos intérêts, vos goûts et vos besoins ne sont pas satisfaits.

  Mon conseil : interrogez-vous et identifiez-les pour vous satisfaire. En négligeant vos besoins, vous risquez d'en avoir moins ou de laisser aux autres le rôle de les combler.

Intro

LE STRESS, CET ENVAHISSEUR DU QUOTIDIEN

Le stress est employé à toutes les sauces pour caractériser votre mal-être : du petit coup d'adrénaline pour accélérer la cadence à la grosse pression qui vous plonge en burn-out, le stress vous envahit et il est contagieux. Pour le limiter, vous avez tenté des exercices de respiration en passant par des traitements médicaux. Essayez d'abord de comprendre cet ennemi sournois qui peut s'avérer vertueux s'il est canalisé.

Les rouages du stress

Le stress est un mécanisme de défense qui permet à l'organisme de supporter les conséquences d'un traumatisme naturel ou opératoire. En clair, c'est la réponse provoquée par le corps lors d'une situation inconfortable. Face à cette stimulation, toute une série de réactions aussi physiologiques qu'émotionnelles s'enchaînent : augmentation du rythme cardiaque, hausse de la tension artérielle et musculaire, production d'adrénaline et de cortisol (le bon et le mauvais stress)... Le degré de réaction dépend de vous, de votre âge, de votre sexe, du contexte et de votre capacité à gérer les situations stressantes.

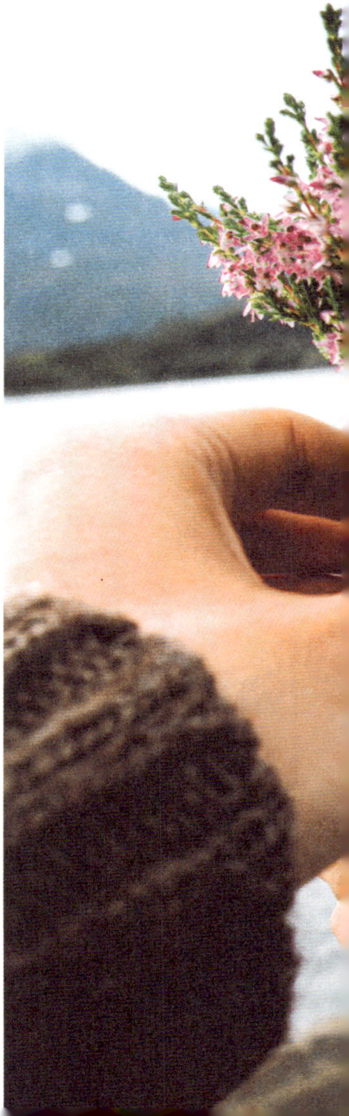

L'adrénaline, l'hormone du bon stress

À l'origine, le stress est une bonne réponse du corps face à une agression : il vous protège et vous sauve. Certaines situations de la vie montrent que le stress peut être un puissant stimulant, un aiguillon, un coup de pied aux fesses qui peut vraiment vous tirer vers le haut : rappelez-vous votre premier rendez-vous amoureux, une performance... Ce sont autant de moments où la tension, l'attention et la concentration sont à leur maximum pour vous faire réussir ces challenges.

À SAVOIR

Il existe une « échelle du stress » qui classe différentes situations par ordre croissant, allant de la réception d'une contravention (le plus bas) au décès de son conjoint (le plus haut) en passant par la gestion des vacances ou organiser un mariage. Certains épisodes de la vie font le mix de ces situations : divorce + déménagement + changement de situation financière... Le cocktail peut être explosif.

Intro

RECONNAÎTRE LE MAUVAIS STRESS

Avant toute chose, demandez l'avis de votre médecin ! S'en sortir demande un soutien médical et psychologique, alors n'ayez aucune honte et aucune culpabilité à demander de l'aide. Il existe aujourd'hui de nombreuses thérapies ou pratiques qui permettent de réduire le stress, vous n'avez aucune excuse ! Cherchez des solutions pour ne pas rester dans la tension.

Sachez décrypter les signes

Pour reconnaître le mauvais stress dû au cortisol, soyez attentif à vos émotions : vous sentez-vous surmené ? Irritable, anxieux ou dévalorisé ? Les signes peuvent s'apparenter à un état d'inquiétude constant, avec des difficultés de concentration et même de prise de décision.

Quant aux symptômes physiques les plus fréquents, on retrouve maux de tête, douleurs musculaires, vertiges, nausées, troubles du sommeil, fatigue intense ou encore troubles de l'alimentation.

À SAVOIR

Le stress chronique peut avoir des conséquences graves et profondes : il peut vous pousser à l'excès en consommant alcool, tabac ou drogue, provoquer des comportements violents ou encore vous isoler de vos relations sociales.

ZOOM sur

LE PHÉNOMÈNE DU BURN-OUT

Stade extrême du stress, le burn-out est un état d'épuisement physique, émotionnel et mental lié à la dégradation de vos conditions de travail. Cette phase d'épuisement atteint le corps suite à un état de stress continu qui, puisqu'il perdure, finit par mettre à sec toutes les réserves d'énergie. Vous êtes dépassé par les événements, et la capacité de votre corps est très sérieusement compromise ? C'est que vous êtes à bout de forces physiques et émotionnelles.

Reconnaître le burn-out

Vous ne vous réveillez pas un beau matin en découvrant que vous êtes à bout. Il y a de nombreuses étapes avec des signaux qui doivent vous alerter. Voici lesquelles :

- **Enthousiasme et investissement.** Vous avez beaucoup d'énergie, vous êtes rempli d'ambition, d'idéaux et vous vous fixez des objectifs très élevés. Vous vous consacrez à votre projet même si l'activité est très exigeante et les conditions défavorables.
- **Le toujours « plus ».** Vous vous rendez compte que, malgré vos efforts, la situation n'évolue pas comme souhaité et l'on exige toujours plus de vous. Vos efforts ne sont pas reconnus, vous redoublez d'ardeur, vous vous mettez à travailler le soir et les week-end… C'est aussi le moment du déni : vous pensez pouvoir vous en sortir seul sans demander de l'aide.
- **Désillusion.** Fatigué et déçu, vous commencez à perdre tout espoir car on attend trop de vous. Vous devenez impatient, irritable et cynique. C'est la phase du détachement émotionnel : pour pouvoir protéger vos dernières ressources, vous entrez dans un système de défense et vous pouvez vous tourner parfois vers les traitements médicamenteux pour fonctionner (somnifères pour dormir, tranquillisants pour tenir, etc.).
- **Burn-out.** En dernière phase survient la démoralisation. Au bout du rouleau, vous perdez tout intérêt pour votre travail et pour votre entourage. Vous êtes allé au bout du bout. Vous vous sentez totalement épuisé et découragé, avec une totale perte de confiance, un repli sur vous-même, des crises de colère. Vous n'êtes tout simplement plus capable de travailler, d'étudier, de vous occuper de vos enfants.

Intro

3 MAUVAIS RÉFLEXES À BANNIR

Les mécanismes psychologiques sont complexes et reposent sur des rouages que vous ne pouvez pas toujours maîtriser. Le cerveau a des capacités extraordinaires, il est le centre de commande de votre vie : même si vos mécanismes fonctionnent bien, ils peuvent s'enrayer et vous mettre en difficulté.

La rumination mentale ou overthinking : le cercle sans fin

Parfois, vos pensées traversent seulement votre esprit et s'en vont. D'autres fois, elles apparaissent clairement, deviennent des « idées » qui vous permettent de créer, d'élaborer des raisonnements, de trouver des solutions. D'autres fois encore, la machine se grippe. Des pensées douloureuses surgissent et se fixent dans l'esprit, ou reviennent à la moindre occasion. Vous ressassez un élément ayant déclenché une colère, une peur, une mauvaise opinion de soi, un regard critique.

- Ce mécanisme cache des souffrances plus profondes : en ressassant des événements sans grande importance, vous occupez votre espace mental et vous ne laissez pas la place à des angoisses encore plus grandes.
- La goutte d'eau : d'une réflexion anodine « tu as l'air fatigué » que vous amplifiez à l'extrême comme une spirale tragique.

La généralisation

L'expérience (si vous touchez le feu, ça brûle), la répétition (les tables de multiplication), les émotions liées à un événement (vous êtes triste quand les vacances sont finies) sont des connexions durables et ancrées. Si cette capacité est un atout majeur pour vous faire progresser et vous tirer vers le haut (UP), elle a un revers un peu moins épanouissant.

Il est difficile de sortir de vos habitudes. C'est sans compter sur la capacité de votre esprit à généraliser les choses : lorsque vous faites l'expérience de la nouveauté, votre cerveau cherche à la rapprocher d'un schéma connu pour pouvoir l'analyser. Ainsi, une peur face à un élément extérieur va entrer dans la case « à fuir » et vous empêcher d'avancer.

Intro

LA ZONE DE CONFORT

Votre zone de confort, c'est ce petit chez-vous, ce nid douillet dans lequel vous vous sentez bien. Cet espace personnel dans lequel vous vivez quotidiennement est totalement façonné à votre image. Vous vous sentez en pleine maîtrise de vous-même, vous êtes en sécurité.

Imaginez : vous êtes dans une maison. Il fait bon et il y a de quoi manger. Dehors, vous avez un petit jardin clos par des barrières : vous ne vous aventurez pas au-delà car vous ne savez pas ce que vous pouvez y trouver. Vous pouvez agrandir la maison, mais il faut du courage pour entamer les travaux et vous trouvez toutes les excuses pour ne pas vous y frotter. Plus loin encore, c'est la forêt, vous n'y mettez jamais les pieds. Pourtant, là-bas se trouvent des terrains fertiles et des grands espaces que vous pourriez exploiter si vous n'aviez pas si peur.

Le résultat : vous êtes bloqué dans votre zone de confort. Et si la vie vous obligeait à aller pointer le nez dehors ? (Un défi professionnel, un changement de situation amoureuse, etc.). Sortir de sa zone de confort est une démarche épanouissante, qui vous offre des occasions que vous ne pouviez même pas envisager. C'est totalement UP.

- **Zone de confort** Vous êtes confiant et vous vous sentez en sécurité. C'est chez vous mais vous vous ennuyez, comme devant un gros navet au ciné.
- **Zone de peur** En dehors de vos limites, vous manquez de confiance. « Que vont penser les autres ? » est une question récurrente. Cette situation est vraiment inconfortable et il faut parvenir à lâcher prise pour pouvoir dépasser ce stade.
- **Zone d'apprentissage** Vous allez acquérir de nouvelles compétences : vous serez plus sûr de vous et vous craindrez moins le regard des autres. Trouver des solutions à vos problèmes rend cette zone très épanouissante.
- **Zone de grandeur** Vous vous êtes dépassé ! Vous trouvez en vous des ressources insoupçonnées qui vous permettent de vivre vos rêves, d'avoir une existence riche de sens. Vous êtes acteur de votre vie.

Zone de grandeur
Zone d'apprentissage
Zone de peur
Zone de confort

Intro

Les croyances « limitantes »

On parle de croyance « limitante », « négative » ou « restrictive » quand une pensée vous empêche d'atteindre un objectif, qu'elle vous fait croire que vous n'êtes pas capable. Inversement, on parle d'une croyance « motivante », « portante » ou encore « aidante » quand cette conviction vous ouvre des possibilités et vous fait voir les choses comme accessible.

Le plus souvent, elles prennent naissance dès l'enfance : les émotions négatives telles que l'humiliation, la colère et la frustration, etc., ne vous sont pas épargnées. Elles forgent une (fausse) vérité de vous : « tu n'écoutes rien », « tu es lent ! »... Inconsciemment, elles vont vous accompagner toute votre vie, tant elles sont profondément établies. Difficile alors de se dire que ce que l'on pense est juste une croyance et que ce n'est pas la réalité !

À SAVOIR

La croyance est une sorte de « moule » dans lequel la pensée va prendre forme. Elle vient de la construction de votre image et du monde alors que la pensée est une phrase qui émerge au niveau du conscient, prenant sa source dans la croyance.

Test

TROUVEZ VOS CROYANCES LIMITANTES

Avouez, vous avez pensé à certaines de ces croyances limitantes ! Et vous ne les remettez pas en question tant elles sont profondément ancrées en vous...

Notez les vôtres dans un cahier :

- ☐ *« Je ne peux pas dire la vérité parce que je vais être jugé. »*
- ☐ *« C'est trop tard pour me changer. »*
- ☐ *« Il me manque.............. pour y arriver. »*
- ☐ *« Je ne mérite pas d'obtenir cela. »*
- ☐ *« J'ai la poisse, tout est contre moi. »*
- ☐ *« Je ne peux pas poursuivre mes rêves parce que je risque d'échouer. »*
- ☐ *« Je ne peux pas demander ce que je veux réellement parce que je vais être rejeté. »*
- ☐ *« Je ne peux pas aimer cette personne, parce que l'on m'a déjà brisé le cœur. »*
- ☐ *« On ne peut faire confiance à personne. »*

AVANT DE COMMENCER
6 RÈGLES POUR RÉUSSIR VOTRE TRANSFORMATION

Quand vous êtes malade, vous vous soignez, vous prenez soin de vous et vous évitez la rechute. Vous n'attendez pas un miracle. Quand vous avez le moral à plat, que vous broyez du noir et que vous ne voyez aucune issue à vos problèmes, il s'agit de faire de même : suivre de nouvelles règles (comme une ordonnance), écouter son corps et son ressenti, changer de comportement pour rompre avec le mode DOWN.

Faites une mise à jour de votre système en définissant de nouvelles priorités pour votre vie. Mode d'emploi.

Règle n° 1

OPTEZ POUR LA BIENVEILLANCE

La bienveillance, c'est veiller au bien, c'est vouloir le bien de quelqu'un, de vous : elle est l'outil indispensable avant de commencer cette routine. En devenant bienveillant, vous créerez des liens solides et développerez une confiance mutuelle, sans jugement sur vous-même et les autres. En clair, vous gagnerez en qualité en cherchant à rendre les autres heureux.

Un bon début : l'auto-empathie !

Commencez par être attentif à vos ressentis : cette « auto-empathie » est une UP attitude car elle vise à trouver des solutions adaptées à vos sentiments. Alors posez-vous ces questions :

- *« Qu'est-ce que je ressens ? », « Où sont les tensions dans mon corps ? », « Quelles sont mes sensations ? »*
- *« Quelles sont mes pensées ? », « Suis-je en train de me juger ? d'avoir une mauvaise opinion de moi ? est-ce que j'ai peur ? »*
- *« Quelles sont mes émotions ? »*
- *« De quoi ai-je besoin ? Quelles sont mes attentes ? »*
- *« Qui est en train d'agir ? Mon être apparent (celui que je montre aux autres) ou mon être réel (celui des aspirations profondes et des désirs réels) ? »*

3 techniques pour être super soft avec vous-même

- **Soyez indulgent.** Vous faites des erreurs et c'est ce qui vous rend humain. Lorsque quelqu'un de votre entourage se trompe, le rejetez-vous ? L'abandonnez-vous ? NON ! Vous cherchez à comprendre et vous êtes indulgent. Il en va de même pour vous.

- **Soyez rassurant et réconfortant.** Face à une situation difficile, pensez à ce que vous diriez à un ami qui vivrait la même chose. S'il le faut, parlez-vous à voix haute comme si vous vous adressiez vraiment à quelqu'un que vous souhaiteriez aider. Vous ne serez certainement pas blessant ou agressif mais vraisemblablement compatissant et protecteur.

- **Apprenez à vous encourager.** Au lieu de vous critiquer quand vous échouez, pourquoi ne pas être fier d'avoir essayé ? Pourquoi ne pas vous féliciter d'être sorti de votre zone de confort et d'avoir tenté votre chance ? Reconnaître qu'il est normal de ne pas réussir tout ce que l'on entreprend, c'est faire preuve de compassion envers soi-même. C'est une réponse plus constructive et ancrée dans la réalité que d'entretenir de la colère ou de l'amertume. C'est une UP attitude !

mes ASTUCES

Bien souvent, les parents cherchent à endurcir leurs enfants, à les « préparer à la vie » en leur disant qu'il faut avancer malgré la douleur ou le mal-être. L'inverse de l'auto-empathie ! Renversez le schéma : écoutez-vous et trouvez, par exemple, le rythme de vie qui vous convient, l'objectif qui vous correspond, l'activité qui vous détend, les gens qui vous font du bien.

Attention ! Ce n'est pas une raison pour s'apitoyer sur son sort ou rejeter la faute sur l'autre.

Règle n° 2

CHASSEZ VOS PENSÉES DOWN

Vous avez vingt et un jours pour les faire taire, mais vous n'aurez jamais assez de conseils pour les chasser ! Tapies dans l'ombre, vos pensées négatives sont présentes et sont de véritables freins. Si vous comprenez mieux leur origine, il faut apprendre à les surmonter pour jouir pleinement de vos compétences.

Déconstruisez votre image négative

« Je suis trop si... », « c'est trop tard pour... », etc. La liste est non exhaustive ! Vous remarquerez que l'absence de valeur (vous ne vous méritez pas), que l'impuissance (vous n'êtes pas capable) et le désespoir (ça ne changera rien) reviennent souvent. Vous ne pourrez pas décider par un coup de baguette magique de les faire taire et de les remplacer par leur version « positive ». En revanche, les « déconstruire » par de meilleures pensées labellisées UP attitude, voilà qui peut être prometteur (voir point 3 ci-dessous).

3 astuces pour briser les chaînes des pensées limitantes

- **Prenez conscience de ces croyances et cherchez-en l'origine.** Identifiez ces phrases qui vous viennent souvent à l'esprit comme des vérités que vous avez acceptées. Remontez les souvenirs jusqu'à votre enfance et vos expériences passées. Demandez-vous si cette croyance est favorable (si elle aide à la réalisation d'objectif) ou défavorable.

- **Rendez-vous compte des conséquences.** Plus ou moins dommageables, ces pensées orientent vos choix et vos comportements. Cela vous donne vraiment envie de faire quelque chose pour reprendre le pouvoir ! Réalisez que cette pensée n'est pas si vraie. Au lieu de rester figé, cherchez des contre-arguments.

- **Essayez de déconstruire.** C'est en agissant que vous pourrez changer votre état d'esprit. La meilleure façon de prouver que vos pensées ne tiennent pas la route, c'est de vous démontrer par A+B que vous pouvez faire autrement. Ah bon, vous êtes nul en organisation ? Commencez par une petite mission : planifiez un week-end avec activités, réservation au restaurant, etc.

Règle n° 3

LIBÉREZ-VOUS DE L'AVENIR

Vous avez tendance à anticiper les problèmes ? C'est du stress inutile qui, en plus, vous empêche de saisir les occasions du présent ! Vous connaissez la rengaine « il faut vivre l'instant présent »... Et si c'était vrai ? Ne fuyez pas en avant, exploitez le présent (notez la rime !).

L'avenir, source de stress

Les types de peaux se distinguent par leur quantité de sébum, elle-même déterminée par notre héritage génétique, alors que l'état de la peau peut évoluer en fonction de l'environnement, de l'alimentation et de l'âge.

4 techniques pour jeter votre boule de cristal

- Acceptez l'imprévisible. Vous pouvez, au mieux, préparer votre avenir step by step mais vous ne pouvez pas tout contrôler.
- Ne fuyez pas. Votre anxiété vous empêche parfois de voir positivement ! Et puis en fait, ce n'était pas si dramatique.
- Ne refaites pas le monde avec des « si ». La phrase qui suit « Et si » est toujours une anticipation catastrophiste.
- Concentrez-vous sur vos actions. Si vous agissez, malgré votre anxiété, vous resterez concentré sur ce que vous devez mettre en action. Exit l'anticipation angoissante !

ZOOM sur

L'ANXIÉTÉ

L'anxiété est un état émotionnel traduisant une forte insécurité, causée par la peur de l'avenir, par exemple. C'est un stress par anticipation ! Les expériences limitantes (voir page 21) qui ont marqué votre identité vont déterminer votre mode d'action : une mauvaise expérience va générer une crainte. Vous allez réagir, selon votre personnalité, soit par l'agressivité soit par la passivité.

Au temps lointain de nos ancêtres (préhistoriques), l'anxiété comme le stress permettaient de s'adapter à des situations dangereuses dans un objectif de survie. Aujourd'hui, il y a peu d'occasions qui vous demandent de lutter pour éviter un danger mortel : arriver en retard à un rendez-vous n'est pas un risque trop grand et pourtant il génère une forte anxiété. Ce ressenti a perdu sa fonction première...

Cherchez toujours à savoir quelle est l'origine de ce que vous éprouvez pour pouvoir agir sur le vrai problème : vous avez peur d'arriver en retard et de montrer que vous manquez d'organisation. Agissez sur ce point pour vous libérer de cette pression qui vous fait souffrir.

Règle n° 4

TROUVEZ DES OBJECTIFS

Votre objectif est le fil conducteur de votre routine : à travers ce but, vous allez apprendre à penser positivement tout en recevant la récompense qu'un tel effort demande : celui d'essayer. Pour optimiser vos objectifs et en tirer tous les bénéfices, une méthode appelée S.M.A.R.T. peut vous aider.

S.M.A.R.T. : quèsaco ?

C'est un acronyme qui permet de décrire les objectifs réalisables. On applique généralement cette technique au monde professionnel et plus particulièrement aux ressources humaines et à la gestion de projet. Mais le concept peut très bien s'utiliser dans votre vie perso !

- S **comme spécifique :** l'objectif doit être précis, simple à comprendre, clair et parfaitement adapté à vos besoins. Par exemple : manger plus de légumes pour avoir un régime alimentaire équilibré.
- M **comme mesurable :** fixez-vous un seuil pour mesurer les progrès et évaluer les résultats. Exemple : vous mangez un légume vert chaque jour de la semaine.
- A **comme atteignable :** pas question de mettre la barre trop haut ! Ni trop bas pour ne pas s'ennuyer. Exemple : vous ne pouvez pas manger des légumes verts à chaque repas, mais une fois par jour, c'est jouable.

- **R comme réaliste :** il faut tenir compte des contraintes que vous rencontrerez pour ne pas abandonner. Exemple : au déjeuner, vous mangez sur le pouce mais vous pouvez cuisiner un légume vert le soir.
- **T pour temporellement défini :** il faut une date butoir précise (on évite « le plus vite possible » ou « bientôt »). Exemple : vous mangez un légume vert tous les jours pendant un mois.

4 astuces pour ne pas vous tromper d'objectif

- Écrivez votre objectif noir sur blanc et demandez-vous si quelqu'un d'autre le trouvera assez clair et précis.
- Acceptez la possibilité de l'échec, ce qui vous donnera une réelle fierté si vous réussissez.
- Autorisez-vous à modifier votre objectif si la barre est trop haute. Ou bien fixez-vous des objectifs intermédiaires.
- Ne vous projetez pas sur des années. La récompense serait trop longue à attendre ! Si votre objectif est vraiment sur du long terme, fixez des échéances intermédiaires.

Règle n° 5
RESTEZ MOTIVÉ

Vous serez toujours plein de bonnes résolutions, mais au bout de quelques jours, la motivation s'effrite ! Vous savez vers quel objectif vous diriger, mais il va falloir démarrer le moteur, passer la première et appuyer sur l'accélérateur, le tout avec patience !

Optimisez vos moments UP

Si vous n'arrivez pas à garder une volonté d'acier (vous n'êtes qu'un malheureux humain soumis à des variations), essayez de rentabiliser vos moments UP :

- **Mettez en place un système qui vous engage.** Par exemple, vous prenez rendez-vous avec un addictologue pour arrêter de fumer. C'est fait ! Vous n'avez plus le choix.
- **Prenez de l'avance.** Lors d'un moment de grande motivation, préparer ce que vous pouvez pour les jours où vous aurez la flemme. Par exemple : cuisiner le soir.
- **Apprenez plus.** C'est-à-dire quelque chose qui servira ensuite : un cours de cuisine, d'italien, un coaching de prise de parole en public… tout ce qui pourra vous enrichir et qui sera « déjà ça de pris » par rapport aux jours où la motivation ne sera pas là.

mes ASTUCES

Se lancer un défi entre amis peut vous sembler enfantin. Mais l'enfant qui est en vous a besoin de « T'es pas cap ! ». « Celui qui trie les cartons en premier a gagné », « Celui qui repeint la chambre du fond est le meilleur », « Celui qui rappelle la banque est un super héros ». Efficace, non ?

Top 5 des excuses bidon à bannir

- **Vous n'avez pas le temps.** Pour jouer des heures sur votre console ou pour regarder des centaines de profil sur les réseaux, vous en avez du temps… mais là, bizarrement, vous êtes débordé. Détrompez-vous : du temps, vous en disposez, mais vous ne savez pas le gérer.
- **Vous attendez le bon moment.** On a toujours l'impression qu'une occasion plus propice peut arriver. Oubliez ça. Les conditions parfaites ne seront jamais réunies. Et si vous voulez avoir une vie épanouie sans attendre la Saint-Glinglin, mieux vaut se lancer même si toutes les exigences ne sont pas satisfaites. Prenez des risques.
- **Vous avez peur d'échouer.** Pour certains, échouer, c'est la fin du monde, alors que pour d'autres, c'est prouver que l'on a essayé. Vous pensez être tellement supérieur que vous ne pouvez que réussir du premier coup, sans avoir appris, parce que vous avez la science infuse ? Atterrissez, s'il vous plaît. Le véritable échec, c'est de ne rien tenter.
- **C'est trop difficile pour vous.** Peut-être vous êtes-vous fixé un objectif trop ambitieux ? Peut-être ne savez-vous pas par où commencer parce que votre plan est un peu flou ? Si vous avez fixé la barre trop haut, divisez les grandes difficultés en plus petites, plus faciles à surmonter.
- **Vous avez peur du jugement des autres.** Vous vous mettez déjà un frein tout seul… Et en ajoutant celui du « qu'en-dira-t-on » et de l'avis des autres, vous n'avancerez jamais ! S'il le faut, éloignez-vous de ceux qui vous empêchent d'agir parce que vous avez peur de leur jugement. Faites ce que vous avez à faire et retournez vers eux quand vous serez plus épanoui (ils n'en reviendront pas !).

Règle n° 6

TIREZ PROFIT DE VOS ÉCHECS

Durant ce programme, vous allez peut-être échouer. Inutile de rejeter la faute sur votre voisine pas sympa ou de vous fouetter trop fort ! En réalité, le gros risque serait de ne pas profiter de vos échecs. Vous les cumulerez et vous les reproduirez. Double peine !

Voyez le côté positif

L'échec est un insuccès (pas d'échec sans volonté de réussir). Il peut être le résultat de plusieurs erreurs. Décourageant, il vous fait douter de vos capacités et de votre valeur. Mais voyez le bon côté :

- L'échec permet d'évoluer et de changer de voie. C'est une étape indispensable de votre transformation. Au cours de ce programme, il se peut que vous échouiez, eh bien, recommencez différemment !
- Échouer ne remet pas forcément en question vos capacités mais plutôt l'usage que vous en avez fait à un moment donné.

3 conseils pour transformer vos couacs en UP

- **Assumez : vous avez pris un coup.** Avec cet échec, vous devez faire le « deuil » d'un projet, modifier un élément de votre vie... Ayez de la compassion pour vous comme pour quelqu'un qui vous demande de l'aide.
- **Félicitez-vous. Paradoxal ?** Pas tant que ça ! Pensez juste que vous avez pris des risques, tenté quelque chose... C'est une véritable occasion d'apprendre et c'est très valorisant !
- **Cherchez la faute.** La vôtre bien sûr, mais quels éléments ? Analysez leurs conséquences et posez-vous les questions : « Tout était sous mon contrôle ? », « Est-ce que je peux changer ma façon de faire ? », etc.

Semaine 1

FAITES LA PAIX **AVEC VOUS-MÊME**

De quelle vie avez-vous envie ? Toute une existence de lutte contre vous-même, de contraintes et de pression ou bien une longue route vers la sérénité ? Cela peut sembler bien manichéen… mais ce résumé abrupt permet d'ouvrir les yeux ! À vous de choisir entre la guerre et la paix. De choisir et d'agir pour faire en sorte que l'harmonie soit possible : vous avez toutes les clés en main pour prendre conscience que vous êtes la personne la plus importante de votre vie. Et par là, celle qui mérite le plus de compréhension, d'attention et de soutien.

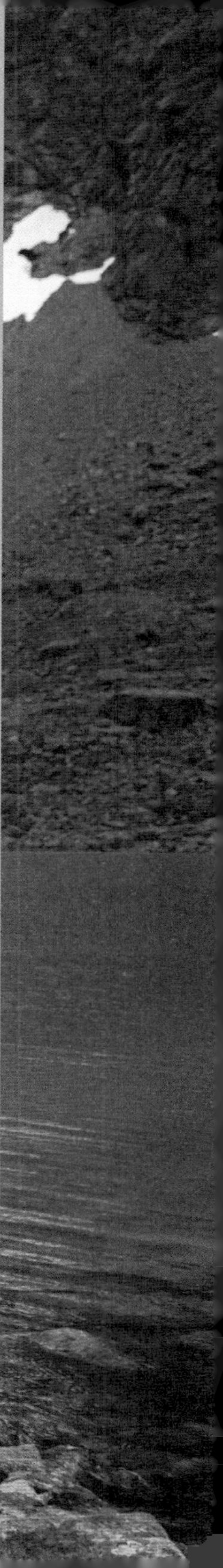

Jour 1

ACCEPTEZ VOS ÉMOTIONS NÉGATIVES

Que faites-vous lorsque vous êtes triste ou en colère ? Vous sentez-vous mal à l'aise ? Cherchez-vous à vous débarrasser le plus vite possible de ce sentiment désagréable ? Plusieurs attitudes sont observées : l'évitement, la fuite, l'enlisement… mais aucune ne semble mener à la sérénité. Et si vous passiez en mode UP face à vos émotions négatives ?

Commencez par vous écouter

Il est illusoire de croire que vous pourrez vous débarrasser des émotions, ou a minima ne garder que celles qui sont agréables en cachant celles qui vous minent. Prenez conscience que les accepter permet de :

- écouter le message qu'elles véhiculent (une carence qu'elles pointent du doigt) ;
- vous relier à vos besoins et à ce que vous voulez vraiment ;
- par contraste, savourer pleinement vos émotions positives.

À SAVOIR

Si une émotion a un fort impact sur vous, c'est que son message est vraiment puissant. Être à l'écoute de ce message permet de le « désactiver » : si vous écoutez le signal d'alarme, il n'a pas besoin de sonner aussi fort pour vous mettre en alerte.

Test

POUR COMPRENDRE VOS ÉMOTIONS

Les émotions ne doivent pas être considérées comme des ennemies mais plutôt comme des messagers qui viennent nous informer d'un besoin et d'une faille. Elles sont donc des signaux qui nous indiquent qu'une agression nous atteint : les renier, les rejeter serait comme éteindre le système d'alarme d'une maison au moment où entrent des cambrioleurs...

Alors posez-vous ces questions :

- Comment réagissez-vous à la venue d'une émotion ?
- Que se passe-t-il dans votre tête ?
- Quelle est la réaction de votre corps ?
- Quel comportement adoptez-vous ? Êtes-vous plutôt dans le combat, la fuite, ou le repli ?
- Que vous dites-vous ?
- Ce genre de situation vous agace, vous fatigue ou vous angoisse ?

Votre réaction

- ☐ **Vous avez tendance à lutter :** on peut schématiquement penser que vous avez besoin de reconnaissance, d'affirmation de soi.
- ☐ **Vous avez tendance à fuir :** vous êtes sans doute à la recherche d'un équilibre entre sécurité et liberté.
- ☐ **Vous avez tendance à vous replier :** vous éprouvez probablement un besoin de cohérence, une quête de sens et d'utilité.

Jour 1

4 étapes pour accueillir vos émotions

-1-

Félicitez-vous (oui, encore!) d'être doté d'un tel mécanisme de défense : vous avez en vous un système d'alarme efficace qui vous prévient du danger. Entre nous, c'est très réjouissant de sentir que vous êtes doté de cette compétence, comprenez que vous êtes votre propre lanceur d'alerte !

-2-

Chérissez les messages envoyés par vos émotions : c'est le début de la reconnexion avec votre nature profonde et celles de vos besoins. En étant ouvert à ces messages, vous prenez soin de vous.

-3-

Identifiez leurs origines : dans quelle catégorie ces messages entrent-ils ? Sont-ils liés à la peur, la tristesse ou la colère ? Enfin, à quel besoin correspondent-ils ? Sécurité, accomplissement, respect, sociabilité, etc.

-4-

Répondez à vos besoins : une émotion négative est le signal d'un besoin, un signal d'alerte pour dire « ouh, ouh, j'ai besoin d'aide sur ce point-là ! ». Posez-vous les bonnes questions : « De quoi ai-je besoin quand…

… je suis en colère à cause de l'attitude de mon collègue ? » ;

… je n'ai pas gagné cette partie ? » ;

… je culpabilise de ne pas être allé voir mes parents depuis longtemps ? », etc.

Mettez du UP dans vos DOWN

Vous l'avez lu ci-dessus : rejeter ou ignorer vos émotions négatives est le meilleur moyen de les rendre plus douloureuses. Il est pourtant possible de les transformer en atout, lors d'un moment difficile. Dans l'immédiat, vous pouvez vous réconforter par des pauses ou des petits plaisirs (une bonne glace, un superbe meuble chiné...). Mais pour être plus efficace, il faut « comprendre et corriger ». Posez-vous les questions :

- Pourquoi êtes-vous aussi mal à l'aise ? Quelle blessure cet événement ravive-t-il ?
- De quoi avez-vous vraiment besoin ? (compréhension, écoute, considération...).
- Comment faire pour trouver ce dont vous avez besoin ?

Jour 2

DEVENEZ VOTRE MEILLEUR AMI

Dans votre tête, il y a en permanence une « petite voix » qui vous parle. Non, vous « n'entendez pas des voix » ou autres signes de schizophrénie, mais vous êtes simplement accompagné par ce « discours intérieur » qui s'avère être un véritable dialogue avec vous-même.

Le discours intérieur, quèsaco ?

Vous pouvez vous parler intérieurement pour énumérer la liste des courses ou vous répéter un numéro de téléphone pour le mémoriser. Mais il se peut que le discours intérieur soit un échange avec vous-même, aussi bienveillant que médisant. Bien souvent, notre discours est terriblement méprisant, agressif et violent : « Mon nez est vraiment moche ! » ; « Je vais encore me planter » ; « Si je continue, je vais me faire virer ».

Oseriez-vous parler à quelqu'un comme vous parlez à vous-même ?

À SAVOIR

Il est démontré qu'un discours intérieur positif, pour se motiver et s'encourager, par exemple, est plus efficace s'il permet de prendre ses distances par rapport à soi-même en se parlant soit à la deuxième personne – « tu vas très bien t'en sortir » –, soit à la troisième personne – « elle va très bien s'en sortir » –, en parlant de soi. Plus efficace pour faire face à la dépression, la rumination mentale (voir page 16), mais aussi à l'anxiété sociale concernant l'avenir (voir page 28).

Identifiez vos craintes

Vous avez l'habitude d'entendre ces phrases dévalorisantes, à tel point qu'elles finissent par vous sembler normales ! Mais les reconnaître vous permettra de les modifier en pensées bienveillantes. Cherchez à repérer les vôtres :

- [ ] **Vous dramatisez :** lorsque vous pensez à un événement, vous ne voyez qu'une issue terrible et douloureuse. Vous n'envisagez jamais de résolution agréable.
- [ ] **Vous (vous) blâmez :** vous vous faites porter le chapeau pour tous les problèmes qui surviennent, ou alors vous rejetez toute la responsabilité sur quelqu'un d'autre.
- [ ] **Vous avez un filtre « opaque » :** vous ne voyez que les aspects négatifs d'une situation, comme si vous étiez incapable d'y voir quelque chose de bon. Tout est teinté de gris, vous généralisez, comme si le négatif contaminait tout.
- [ ] **Vous voyez les extrêmes :** il n'y a que ce qui est bien ou ce qui est mal, ce qui est entre les deux n'est pas acceptable. Pas de demi-mesure ; ce qui vous empêche de voir les belles petites choses dans un moment moche.
- [ ] **Jamais ou toujours :** là encore, pas d'entre-deux. Une erreur va se reproduire indéfiniment parce que les choses ne changent « jamais » et que vous faites « toujours » les mêmes fautes.

Jour 2

APPELEZ VOTRE MOI « POSITIF »

Modifier ce discours intérieur en voulant opposer systématiquement une vision « positive » à votre parole « négative » est illusoire. Votre esprit n'est pas dupe, il refusera de croire quelque chose dont il n'est pas profondément convaincu. Voici une technique pour faire taire vos voix négatives :

- **Parlez-vous avec bienveillance.** Répétez-vous ceci : vivre avec un ennemi en soi n'est vraiment pas épanouissant. Mettez en œuvre un nouveau regard sur vous-même.
- **Parlez-vous au présent.** Inutile de se projeter dans l'avenir et de croire au merveilleux. Dites-vous : « Je fais tous les jours quelque chose pour parvenir à mon but » plutôt que « Je vais rencontrer quelqu'un de bien » (quand ? comment ? ce n'est pas très convaincant).
- **Dites-vous des choses auxquelles vous pouvez croire.** « Je suis formidable, je suis formidable, je suis formidable. » OK. Si vous souffrez d'un grand manque de confiance en vous, vous n'arriverez pas à adhérer à cette affirmation. Vos émotions seront toujours là pour vous rappeler ce que vous éprouvez au fond de vous. Utilisez une parole qui soit crédible à vos yeux (« je suis patiente/ tolérante /créative… et cela fait de moi quelqu'un d'intègre »).
- **Formulez ce que vous voudriez être.** Toutes nos pensées sont transformées en représentations mentales. Si vous pensez « Je suis inutile », vous allez visualiser ce que vous considérez comme un « inutile » et c'est ce mot-là qui va se graver dans votre esprit. Si vous modifiez en « Je ne suis pas inutile », vous allez continuer à voir cette image-là et le mot va continuer de résonner. Pour aller vers le UP, il est plus opérant de penser « Je suis efficace » ou « Je suis utile » : utilisez le bon mot et la bonne image.

La bienveillance, la clé d'une vie plus facile

Vous l'aurez donc compris : si vos pensées sont agréables, votre vie paraîtra… plus facile ! Gardez en tête tous les bienfaits de vos pensées positives :

- **Elles régulent vos émotions :** vous serez rassuré face à une situation inquiétante (« ça va passer, ça n'est qu'un orage »), et vous saurez modérer un enthousiasme débordant (« ton dossier a été validé, calme-toi, tu vas faire un arrêt cardiaque ! »)…
- **Elles permettent de vous organiser :** car vous êtes moins stressé ! Planifiez votre activité, revoyez l'emploi du temps de votre journée, remémorez-vous un rendez-vous, une liste de choses à faire…
- **Elles favorisent la créativité :** votre discours intérieur sera comme un ami ! À « deux », vous échangez comme dans une partie de ping-pong, ce qui fait fuser les idées, la nouveauté… comme dans un dialogue, vous aurez parfois des idées contradictoires à opposer à vos premières pensées. Vous chercherez des arguments pour vous convaincre et vos projets vous sembleront plus solides.
- **Elles vous aident à vous préparer :** le dialogue intérieur nous aide souvent à anticiper une situation. Par exemple, vous pouvez imaginer ce que vous allez dire lors d'un rendez-vous pour prévoir ce que l'autre va dire : analyser ses sentiments et ses intentions, c'est se préparer à répondre.

Jour 3

BOOSTEZ VOTRE CONFIANCE POUR RÉSISTER AU DOWN

La confiance en soi semble être un Graal, une sorte de trésor que tout le monde cherche mais que peu possèdent ! C'est un véritable pouvoir, qui peut faire la différence entre un gagnant et un perdant. Acquise plus ou moins tard, elle est l'un des meilleurs remparts contre la dévalorisation. Un boost de votre confiance ne sera certainement pas inutile pour vous mettre en mode UP.

Confiance ou estime de soi ?

Vous pensez qu'il s'agit de la même chose ? Les deux concepts sont pourtant différents. La confiance est sécurisante : c'est savoir que vous avez les compétences pour traiter une situation et agir en conséquence, alors que l'estime de soi est plutôt la perception et l'auto-évaluation de votre valeur. C'est une construction durable, qui vous définit (elle peut bien sûr évoluer, se dégrader...) et qui se conforme au modèle que l'on vous a montré : « Je suis fier de toi » ; « Je t'aime », etc.

Rappelez-vous vos points forts

Vous ne pouvez pas être parfait et compétent dans tous les domaines, mais vous aurez confiance dans ce que vous maîtrisez. Prêter attention à ces points forts est valorisant et permet de mettre du UP là où vous croyez être entièrement DOWN. Regardez-les avec lucidité et tenez-en compte dans le jugement que vous portez sur vous.

Point trop n'en faut !

Il peut exister des excès de confiance en soi qui créent des déséquilibres et n'apportent pas l'épanouissement que l'on pourrait croire. Vous surestimer (sur vos performances, par exemple), vous croire d'une force supérieure aux autres ou encore avoir le sentiment de contrôler une situation sur laquelle vous n'avez, en fait, aucune prise a un effet néfaste sur autrui. La personne en contact peut se sentir ni considérée ni respectée... et peut être amenée à douter d'elle-même.

À SAVOIR

Constater que l'on manque de confiance en soi sur certains points est déjà une prise de conscience qui vous met sur le bon chemin. Mais pour avancer, il faut construire ou reconstruire la confiance : aucune baguette magique ne vous la donnera.

Jour 3

3 actions pour renforcer votre confiance

La confiance en soi, c'est comme un muscle : vous allez devoir la travailler, l'entraîner, pour qu'elle devienne plus forte et plus résistante.

-1-

Modifiez votre discours intérieur (voir page 42)

Repérez à l'intérieur de vous toutes les phrases dévalorisantes qui peuvent surgir. Ne cherchez pas à les remplacer par des affirmations plus « positives » mais plus objectives (« Suis-je réellement nul ? » ; « Est-ce que cela concerne toute ma personnalité ou bien ai-je un point faible sur telle ou telle compétence ? »). Le regard sur soi devient alors bien plus bienveillant : il ne vous descend pas en flèche en mode DOWN mais vous tire vers le haut.

-2-

Cherchez l'origine de ces croyances

En général, cela vient de l'enfance, de ce que les parents disaient de vous. Leurs critiques, leurs injonctions correspondaient à leur propre échelle de valeurs, à leur jugement. Ils ont formé votre vision du monde et de vous-même mais aujourd'hui, ne pouvez-vous pas avoir votre propre façon de voir ?

-3-

Découvrez vos qualités

Vous en avez forcément, et même beaucoup. Cette prise de conscience permet de se mettre en action : si vous connaissez vos qualités, vous aurez envie de les utiliser et de les développer pour sortir de votre zone de confort. Vous allez de l'avant !

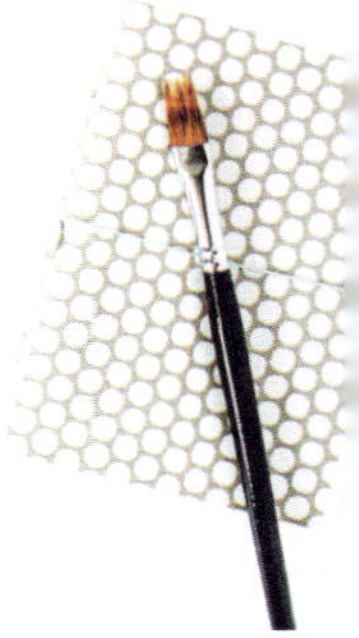

Mettez en avant vos points forts

Le manque de confiance en vous a tendance à s'étendre sur l'ensemble de votre personnalité : si vous pensez que vous n'êtes « pas assez compétent » ou carrément « nul » dans un certain domaine, vous allez difficilement vous valoriser dans d'autres.

Réfléchissez : il y a certainement une activité pour laquelle vous êtes bon/qualifié/doué et elle peut toucher tout type de domaine (artistique, manuel, relationnel, intellectuel, sportif...).
Arrêtez de vous focaliser sur les lacunes que vous avez en maths ou en cuisine ! Mettez le projecteur sur LA discipline qui vous donne beaucoup de joie et de plaisir. Entraînez-vous, apprenez, spécialisez-vous, devenez très pointu et passez « expert » dans cette activité. Votre capital confiance sera renforcé et cela aura des répercussions sur l'ensemble de vos compétences, de votre personnalité.

Jour 4

PORTEZ UN REGARD JUSTE SUR VOUS-MÊME

Vous êtes en permanence en train d'évaluer vos actions, d'estimer la valeur de ce que vous êtes (vous vous regardez dans un miroir, vous relisez un mail, vous vous trouvez timide, courageux... la liste est infinie !). Vous êtes au quotidien dans l'autojugement. C'est un processus spontané, automatique : vous ne pourrez pas y mettre fin, mais l'objectif est de ne pas entrer dans une spirale de dévaluation.

Découvrez leurs origines

L'attitude des autres envers vous-même façonne la perception que vous avez de vous : c'est votre échelle de valeurs. C'est cette perception qui va déclencher l'auto-évaluation. Elle fait partie du système d'apprentissage car vous restez lucide sur vos lacunes. C'est une bonne technique pour les combler, moins si elle est destructrice.

- **Votre cercle proche :** cela passe à travers l'enfance, l'éducation, la culture, l'expérience de la vie... et aussi de la part de la famille, des amis, de toutes vos rencontres. Ne cherchez plus : si depuis le plus jeune âge, on vous complimente et l'on cherche votre présence, vous aurez plutôt une vision favorable de vous. Si, à l'inverse, on vous critique sans cesse et que l'on vous évite, vous aurez une perception défavorable de votre identité.

- **Votre environnement :** la perception de soi est aussi influencée par la société, les médias, les réseaux sociaux... et toutes les images que l'on perçoit. Même si vous prétendez refuser cette tendance, les « modèles » imposés sont « enregistrés » dans votre esprit, ce qui vous donne un motif de comparaison qui oriente votre jugement.

Top 3 négatif de votre autojugement

Le jugement est indissociable de votre échelle de valeurs, ce qui en fait un outil extrêmement subjectif. En clair : c'est VOTRE vision, et non la réalité. Voici le top 3 de ce que vous avez tendance à dévaloriser :

- **Votre apparence physique.** On a beau dire que cela n'importe pas et que seule la beauté intérieure compte… votre enveloppe corporelle, votre image est, malgré tout, ce que vous exposez en premier aux autres : c'est votre vitrine. Acceptez vos imperfections car votre personnalité ne se réduit pas à votre physique ! Accordez-vous de la valeur et aimez-vous de façon inconditionnelle (on ne le dira jamais assez !).

- **Votre place parmi les autres sur les réseaux.** Vous cherchez la « popularité » au travers de photos ou vidéos qui récoltent un bon nombre de réactions… En clair, vous basculez dans une échelle de valeurs virtuelle. Sur les réseaux, les relations sont généralement superficielles et peu durables. Gardez-le en tête : vous pourrez établir des liens profonds et épanouissants face à la personne.

- **Vos compétences.** Remémorez-vous vos aptitudes physiques ou votre talent particulier, quel que soit le domaine : ce sont autant d'éléments qui vous mettent en valeur et renforcent votre évaluation personnelle. Listez vos réussites et vos compétences pour renforcer votre confiance en vous.

À SAVOIR

Les réseaux sociaux peuvent être un réel danger pour votre équilibre intérieur. Vous le savez : les super vacances d'un tel ou le look ultra sophistiqué d'un autre peuvent vous complexer et changer le regard que vous portez sur vous-même. La mise en scène de vos vies sur les réseaux sociaux permet de se fabriquer ce « moi » idéal mais n'oubliez jamais que cette vision de soi et des autres est… fausse !

Jour 4

4 questions pour chasser vos pensées négatives

Interrogez votre système d'analyse interne pour repérer les points positifs et négatifs : en adoptant cette neutralité sans jugement, vous pourrez souligner ce qu'il y a de UP en vous. En clair : cherchez un jugement neutre. Nous l'avons dit : vous voyez le monde et vous-même à travers des filtres, qui agissent comme des lunettes... Changez de verres ! Par exemple, ce plat est-il vraiment raté ? Est-ce vraiment immangeable ? Même si le gâteau n'a pas gonflé, le gratin est trop grillé... Est-ce vraiment impossible de l'apprécier ?

Pour les plus tenaces, posez-vous ces questions :

1 - D'où vous vient cette pensée ?

2 - Est-ce que cette pensée est réaliste ?

3 - Est-ce utile de garder cette pensée ?

4 - Traiteriez-vous un ami comme vous le faites avec vous ?

ZOOM sur

LA DYSMORPHOPHOBIE

La dysmorphophobie est le fait d'être complètement obsédé par un défaut imaginaire ou réel, que l'on perçoit de façon démesurée. Le plus souvent, cette partie du corps (nez, fesses, bras, peau abîmée, seins, etc.) va sembler déformée – plus grosse, plus moche, plus petite – qu'elle n'est en réalité. Cela peut aller jusqu'à des comportements extrêmes et laisser des séquelles importantes : automutilations, comportements sociaux destructeurs, impression d'être monstrueux...

Les réseaux sociaux, et tout particulièrement Snapchat et Instagram, affichent des photos « idéales » que les gens finissent par percevoir comme une norme. Une perfection qui favorise l'apparition de complexes chez les jeunes, en pleine construction de leur image. Les demandes provenant d'adolescents, qui souhaitent se rapprocher physiquement de tel ou tel filtre, auprès des chirurgiens esthétiques explosent depuis peu : on ne vient plus avec une photo de sa star préférée mais avec un selfie retouché. Le phénomène porte le nom de « Snapchat Dysmorphia ».

L'estime de soi est désormais basée sur le nombre de *like* ou de *follower*. La comparaison quotidienne avec les modèles présentés par les réseaux sociaux est donc un réel risque pour la société.

Jour 5

COMPAREZ-VOUS INTELLIGEMMENT

Modifier sa perception de soi en cherchant à avoir un regard lucide sur son identité est une vraie solution pour ne pas tirer vos pensées vers le bas. Mais vous avez toujours cette fâcheuse habitude de vous comparer et de vous dévaloriser ? Essayez plutôt de voir la personne UNIQUE que vous êtes.

Pourquoi se comparer ?

Une fois de plus, l'habitude se prend dès la petite enfance. « Regarde cette fille, elle n'a pas peur du noir, elle ! » Et voilà, le ver est dans le fruit. Mais paradoxalement, la comparaison peut être utile. Pour construire votre personnalité car vous choisissez des modèles. Vous voulez ressembler à ceux que vous admirez.

- Tenter de se mettre au niveau de celui qui semble supérieur alimente votre ambition, et y parvenir développe l'estime de vous.
- Se comparer à quelqu'un qui semble moins bien loti permet de relativiser vos échecs et vous soulage (« il y a pire ») !

mes ASTUCES

Quand vous vous comparez à quelqu'un, c'est par rapport à sa partie extérieure, sa vitrine... un soi valorisé et social mais pas tout à fait réel. Pour résumer, vous comparez les pires choses qui vous concernent (votre moi intérieur) avec les meilleurs atouts que possèdent les autres. Forcément... ça fait mal !

3 mauvaises habitudes à bannir

La comparaison peut vous amener à combler ce manque en cherchant le réconfort ou l'approbation de l'autre, voire en vous empêchant d'avancer ! Si vous en avez conscience, sachez que vous pouvez changer les choses : une demande claire vaut mieux qu'un chemin détourné qui risque de ne pas être compris par l'autre.

- ☐ **Vous cherchez à être rassuré.** En minimisant vos succès et en vous dépréciant, vous cherchez le compliment que vous n'êtes pas capable de vous faire vous-même. Préférez être direct et formulez une question qui signifie : « Avec cette réussite, tu valides mes compétences ? »
- ☐ **Vous voulez attirer l'attention.** En vous victimisant, vous attendrissez l'autre. Vous trouvez donc amour et tendresse. Passez plutôt à une demande claire en demandant du réconfort : « J'ai besoin que tu me dises que j'ai de la valeur ».
- ☐ **Vous n'agissez pas.** En revendiquant votre nullité, vous ne réussirez pas vos projets. Voilà une bonne excuse toute trouvée pour ne rien entreprendre ! Mettez-vous plutôt en mode « je tente le coup et j'en tirerai une expérience sûrement intéressante ».

Jour 5

Ne tombez pas dans le DOWN

Vous l'avez vu ci-dessus : se comparer est une nécessité pour se connaître et progresser. Pour ne pas basculer dans le DOWN, voyez votre comparaison, non pas comme un jugement de valeur, mais plutôt comme un constat de l'existence : avec pratiquement les mêmes éléments, un tel fait comme ci alors que vous faites comme ça, voilà qui est intéressant et enrichissant. Les autres sont des « modèles », des sources d'inspiration : la comparaison devient alors un outil pour s'améliorer, progresser et s'épanouir.

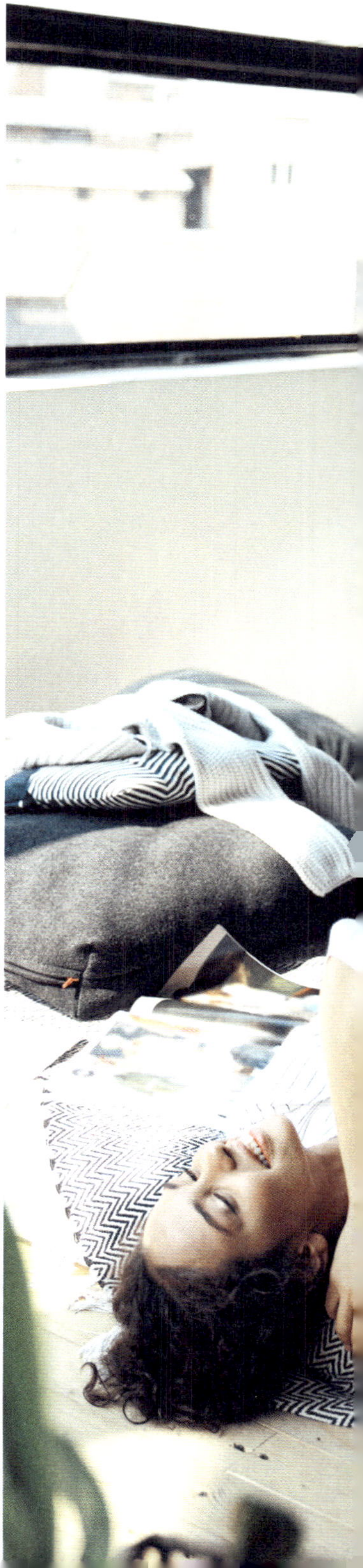

4 astuces pour vous comparer avec bienveillance

-1-

Inversez le système. En général, vous comparez vos défauts aux qualités des autres. Si vous renversez le jeu, vous allez pouvoir comparer ce qui marche moins bien chez l'autre et ce que vous réussissez, vous !

Exemple : votre collègue touche un meilleur salaire que vous, mais il a tellement de crédit sur le dos qu'il vit moins confortablement. Vous vous en sortez bien mieux que lui !

-2-

Exprimez clairement vos besoins. S'apitoyer sur son sort pour chercher à se faire dorloter est une stratégie qui peut être incomprise : mieux vaut formuler sa demande directement pour obtenir un résultat.

-3-

Autofélicitez-vous. Personne n'entendra la petite voix qui, dans votre tête, vous dira : « Tu les as tous écrasés, tu es la meilleure ! »

-4-

Prenez conscience de votre originalité. Vous avez un passé, une éducation, des expériences, des échecs et des réussites qui ont façonné votre identité. Personne ne vous ressemble et vous ne ressemblerez à personne d'autre. Et cela fait votre rareté et votre valeur !

Jour 6

ÉPROUVEZ DE LA GRATITUDE

Impossible de trouver de la satisfaction et du plaisir si vous vivez en permanence avec un sentiment de frustration, de manque et d'envie. Si vous prenez conscience de ce que vous possédez et que vous vous en réjouissez, vous aurez atteint un stade fondamental de la UP attitude. Remercier l'existence vous rend meilleur, promis !

Prenez conscience de votre chance

- Énumérez ce que vous avez reçu : matériel ou immatériel (du temps, du réconfort, de l'aide).
- Rendez-vous compte que c'est un geste fort de la part de celui qui vous l'offre.
- Prenez conscience que cela vient d'une source extérieure : on vous l'a offert !

mes ASTUCES

Concentrez-vous sur le plein plutôt que sur « l'absence de ». Si vous éprouvez une angoisse à l'idée que certaines choses vous manquent, posez-vous la question : est-ce une réalité ou juste la peur du manque ? Si vous vous focalisez sur le négatif, vous allez vous sentir impuissant et développer un mal-être. DOWN attitude.

Test

POUR PRENDRE CONSCIENCE DE CE QUE VOUS AVEZ

Commencez une liste des choses pour lesquelles vous pouvez ressentir de la reconnaissance et de la gratitude. Faire cette liste vous permettra de vous ouvrir à votre environnement et prendre conscience de ce que vous avez. Vous serez alors plus attentifs aux cadeaux immatériels (écoute, réconfort, tendresse...) et vous exprimerez plus facilement votre reconnaissance, ce qui vous donnera envie de donner en retour ! Liste non exhaustive.

- ☐ *Vous êtes en bonne santé*
- ☐ *Vous possédez un travail*
- ☐ *Vous avez un toit et de quoi manger*
- ☐ *Vous avez une famille*
- ☐ *Vous avez des amis*
- ☐ *Vous recevez de l'amour*
- ☐ *Vous écoutez vos musiques préférées (si, si, ça aussi il faut en prendre conscience !)*
- ☐ *Votre série préférée propose une nouvelle saison*
- ☐ *Vos plantes poussent bien et sont belles*
- ☐ *Votre grand-mère cuisine les meilleures omelettes au monde*

Vous ne cochez pas toutes les cases ? Relativisez :

Si vous êtes malade, vous pouvez vous réjouir d'un traitement efficace. Vous n'avez pas de travail ? Faire des formations enrichissantes pour changer de voie est positif. Vous vous privez de certains aliments ? Sachez qu'il existe des milliers de recettes avec peu d'ingrédients et qui sont succulentes ! Soyez inventif.

Jour 6

4 actions pour jouir du sourire en toute quiétude

-1-

Votre gratitude peut se manifester à l'intérieur. Pas de grandes démonstrations, prenez juste le temps d'apprécier l'instant et de le savourer. Vous prendrez aussi conscience de votre chance, sans agitation.

-2-

Dites merci dès que l'occasion se présente. Vous n'avez pas besoin d'une occasion particulière pour exprimer votre reconnaissance. Un « merci » pour avoir débarrassé la table ou pour avoir pris des nouvelles… cela fait du bien à tout le monde.

-3-

Exprimez votre joie. « J'étais tellement heureux de te croiser ! » Et hop, vous donnez le sourire et vous ressentez une profonde gratitude.

-4-

Tenez un cahier de gratitude. Le principe est de trouver chaque moment positif dans la journée qui vient de s'écouler et de se focaliser sur ce point. Vous pouvez les noter le soir avant de vous endormir. Les relire plus tard vous fera vous rendre compte que toute cette légèreté n'est pas si rare !

ZOOM sur

LE SOURIRE

Sourire, ce n'est pas oublier ce qui ne va pas, mais c'est laisser les émotions positives prendre le dessus, ne serait-ce qu'un instant. C'est une arme de UP attitude.

Véritable outil de communication et de régulation sociale, le sourire est doté de super pouvoirs :

- Il vous rend plus sympathique : sourire donne une meilleure image de soi, les études montrent que l'on a même l'air plus « compétent » quand on sourit.
- Il est communicatif : vous souriez, l'autre vous sourit. Vous lui donnez peut-être une occasion de le faire alors qu'il n'était pas dans cet état d'esprit.
- Il facilite la négociation : il rend plus ouvert et plus facile à approcher.
- Il a des bénéfices physiques : il aide à la libération d'endorphines, réduit l'anxiété, et même le rythme cardiaque.

Rire, c'est un véritable médicament :

- Il aide à relâcher la pression, à évacuer le stress et les tensions.
- Il permet de faire baisser la tension artérielle, en activant la circulation du sang et son oxygénation.
- Il entraîne la production d'endorphines, qui font diminuer la douleur.
- Il augmente la confiance en soi : si vous êtes drôle et que vous savez déclencher des rires, vous vous sentez valorisé. Si vous maîtrisez l'autodérision, vous serez moins atteint par les remarques et vous aurez de l'assurance pour assumer vos complexes.

Jour 7

OSEZ VOUS AIMER

Ne plus se dévaloriser… c'est un grand pas sur le chemin de la UP attitude (bravo !). Mais mettre en valeur vos compétences et identifier vos ressources, c'est mieux ! Avoir une bonne analyse de soi-même est une étape primordiale pour aller de l'avant : vous allez vous comprendre et donc mieux contrôler. On aime mieux ce que l'on connaît.

En quête d'authenticité

Votre vision des autres et de vous-même est profondément influencée : en réaction, le retour à l'authenticité agit comme une lame de fond – retour aux produits sains, aux valeurs essentielles…
Mais commencez par vivre en accord avec ce que vous êtes. En prenant le soin de vous connaître, vous vivrez selon vos valeurs et vous orienterez ainsi vos choix en restant intègre.

mes ASTUCES

Lancez-vous et écrivez une lettre à la personne que vous étiez. Cet ancien « vous » a fait beaucoup d'erreurs, expliquez-lui et pardonnez-lui.

Ne cohabitez plus avec un étranger

Ne pas se connaître véritablement, c'est comme vivre en colocation avec un étranger. Ne vaudrait-il pas mieux savoir à qui vous allez avoir affaire toute votre vie ?

- ☐ Affirmez votre personnalité à travers vos goûts et vos valeurs personnelles pour identifier ce que vous aimez et inversement.
- ☐ Trouvez votre individualité en vous libérant des traces du passé, pour déterminer vos traumatismes, leurs conséquences et les contrer.
- ☐ Identifiez vos rêves et vos besoins, pour trouver un sens à votre vie.
- ☐ Apaisez vos angoisses en canalisant vos pensées et vos émotions pour chercher la sérénité.
- ☐ Prenez conscience de vos compétences pour les développer et repérez vos points faibles pour les dépasser.
- ☐ Déterminez votre méthode d'apprentissage pour progresser.
- ☐ Exprimez à l'autre vos besoins et vos craintes pour établir des relations plus authentiques et saines.

Jour 7

4 astuces à retenir pour voir la belle personne qui est en vous

-1-

Ayez de l'empathie envers vous-même. Non, il ne s'agit pas d'égocentrisme ! Avoir de la compassion pour soi, c'est prendre conscience de ses souffrances et chercher à les soulager. Vous avez cette attitude envers vos proches... commencez à l'avoir pour vous ! Vous méritez cette gentillesse.

-2-

Ne soyez pas influençable. Vos opinions, vos choix... et pas ceux des autres. Avoir ses propres valeurs, les assumer, les mettre au centre de votre vie vous donne le sentiment d'être en accord avec vous-même, de vous accepter, d'être digne d'amour.

-3-

Reconnaissez votre valeur et assumez-la. Reconnaître ses erreurs et les accepter permet de sortir du jugement négatif que l'on a sur soi. Également, ça permet de développer l'empathie que vous devez vous accorder.

-4-

Pardonnez vos erreurs. Vous n'êtes pas parfait (moi non plus !) mais cela ne mérite pas une punition à vie. Vous faites ce que vous pouvez et vous pouvez en tirer des enseignements.

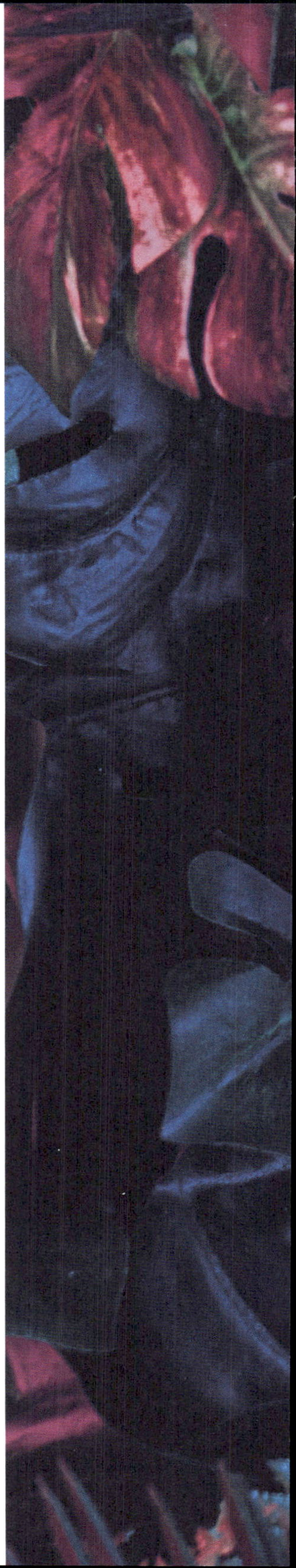

Test

POUR MIEUX VOUS CONNAÎTRE

Se connaître, c'est pouvoir répondre à des questions dont le sujet est SOI.
Encore faut-il faire la démarche de se poser des questions… Essayez cette introspection : elle peut être une véritable révélation car bien souvent, vous vous laissez influencer par les autres, en niant totalement votre « moi » profond.

- Quels sont les grands traits de votre personnalité ? Cherchez dans vos attitudes, vos émotions et vos relations aux autres.
- Quelles sont les valeurs qui vous semblent les plus importantes dans votre vie ? (l'indépendance, l'honnêteté, l'excellence, la créativité, l'ambition…)
- Comment ces valeurs influencent-elles votre vie ? Qu'êtes-vous prêt à corriger pour les appliquer ?
- Quel est l'impact de vos émotions sur votre vie ?
- Quels sont vos réels centres d'intérêt ? Posez-vous la question : si vous ne deviez pas travailler pour gagner votre vie, qu'est-ce que vous aimeriez réellement faire ?
- Qui/quoi vous laisse admiratif ? Et quelles sont les qualités qui vous inspirent ?
- Quelles sont les pensées qui vous font douter ?

Semaine 2

RECENTREZ-VOUS POUR **VOUS OFFRIR UN MOMENT *SLOW***

« Il faut prendre du temps pour soi. » Cette phrase est visible partout ! Mais vous avez du mal à en trouver tant votre vie à cent à l'heure est difficile à gérer ? Demandez-vous au moins comment vous allez. Si vous vous recentrez, vous allez prendre conscience de vos désirs réels et optimiser votre potentiel. Résultat : vous serez en harmonie avec votre environnement. C'est une reconnexion avec votre identité.

Jour 8

CULTIVEZ LE BIEN-ÊTRE SOLO

Le besoin de reconnaissance, l'approbation des autres, vous les cherchez depuis toujours. C'est une sorte de moteur, un feu vert pour aller de l'avant. Pourtant, quand le besoin devient trop grand et qu'il conditionne toute pensée personnelle, il peut être un vrai obstacle à l'épanouissement. Pour rester sur le chemin de la UP attitude, cette journée est dédiée aux solutions possibles pour trouver confiance et reconnaissance.

D'où vient ce besoin de reconnaissance ?

Enfant, votre cercle proche (parents, enseignants, amis, etc.) a le rôle de « référents » : ce sont eux qui vous guident, valident et blâment vos actions. En grandissant, votre cercle s'élargit et vous cherchez la reconnaissance auprès de ceux à qui vous voulez plaire (patron, collègues, clients, etc.). Inconsciemment, vous attendez d'eux la validation de vos actions, comme vous attendiez la « bonne note » à vos devoirs.

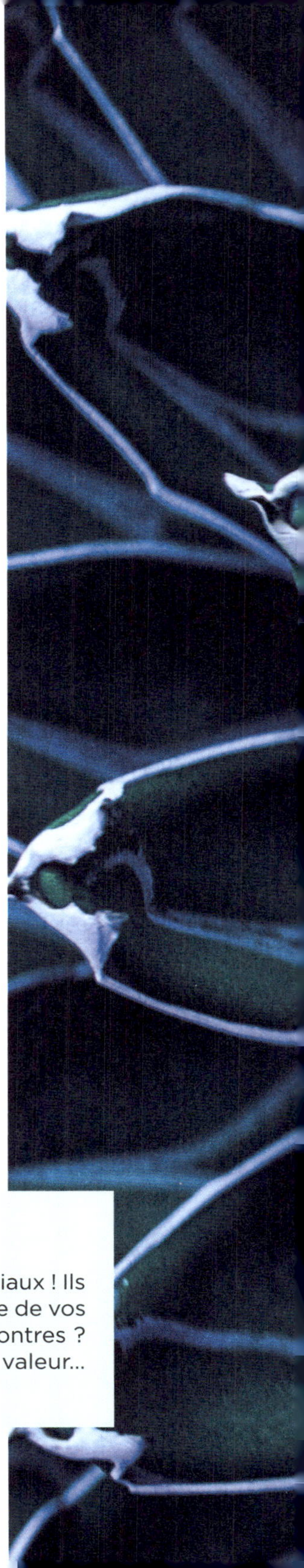

À SAVOIR

On ne le dit jamais assez, gare aux effets pervers des réseaux sociaux ! Ils exacerbent ce besoin de reconnaissance : vous vérifiez le nombre de vos *follower* ou de *like* ? Même de vos *match* sur les applis de rencontres ? Les interactions sur les réseaux sociaux vous accordent de la valeur... superficiellement !

Test

POUR IDENTIFIER VOTRE BESOIN DE RECONNAISSANCE

- Faites-vous les choses pour vous ? Parce que vous pensez que les autres vous admireront ?

  Vous avez besoin d'être admiré et félicité. Certaines personnes vivent une enfance où leurs compétences sont louées mais qui, en grandissant, ont du mal à s'adapter, car la compétition est de mise. Pour maintenir cet univers de perfection, elles deviennent extrêmement exigeantes envers elles-mêmes et avec les autres.

  Interrogez-vous : « Pourquoi est-ce que j'accorde à l'autre le fait de détenir la vérité ? »

- Quand vous ne vous sentez pas reconnu, quelle est votre réaction ? Attristé ? Perturbé ? Découragé ?

  Vous voulez que l'on approuve vos décisions. Vous avez besoin de faire valider vos actions car vous manquez peut-être d'autonomie. C'est une forme de soumission au contrôle extérieur et un échec de l'affirmation de soi.

  Interrogez-vous : « Que se passerait-il si je n'obtenais pas de validation ? », « Toute ma personne serait-elle remise en cause ou bien seulement mon acte ? »

- Votre besoin de reconnaissance s'exprime-t-il en amour ? au travail ? en amitié ?

  Vous avez un besoin affectif exagéré. Vous avez peut-être manqué d'amour dans votre enfance. Résultat : vous en cherchez partout, chez votre patron, vos collègues et vous en demandez beaucoup à vos partenaires. Ce besoin semble impossible à combler et les relations sont fréquemment vouées à l'échec.

  Interrogez-vous : « De quoi je me prive pour ne pas déplaire aux autres ? »

Jour 8

Le besoin de reconnaissance au travail

Travailler est synonyme d'effort (même pour ceux qui adorent leur travail !). Il est donc normal d'avoir besoin d'être valorisé. La reconnaissance vous offre une appartenance à un groupe et vous permet de forger une estime « sociale » de vous. À l'inverse, quand ce besoin n'est pas satisfait, il génère beaucoup de stress et par conséquent des comportements négatifs (frustration, colère, impatience, agressivité, irritabilité, ressentiment, susceptibilité, etc.).

La reconnaissance est donc primordiale

- Sur le plan personnel : vous êtes une personne unique qui s'intègre dans un groupe.
- Pour vos qualités professionnelles : compétences, comportement… vous êtes la bonne personne pour la tâche définie.
- Pour votre investissement et votre énergie : ça vous aide à maintenir votre motivation.
- Pour vos résultats, vos objectifs atteints : ça va vous donner envie d'aller encore plus loin.

4 techniques pour se suffire à soi-même

-1-

Faites confiance à votre jugement. En parvenant à vous auto-évaluer, vous n'aurez plus besoin (ou moins besoin) de quémander de la reconnaissance auprès des autres.

-2-

Pensez que vous vous empêchez d'être libre. Vous ne voulez pas vous soumettre aux autres et vous voulez trouver en vous les ressources du bonheur.

-3-

Exprimez clairement votre besoin. « Cela me motiverait de savoir que vous appréciez mon travail » ; « j'aurais besoin que tu me dises que tu es heureuse en ma compagnie ». Exprimer ce besoin, c'est reconnaître que vous méritez d'être aimé : c'est une étape importante dans l'autoreconnaissance.

-4-

Donnez pour recevoir. En étant reconnaissant envers les autres, vous attirez les « retours » ! Malin ? Vous engagez un échange qui enrichit la relation et ça renforce donc votre estime de vous.

Jour 9

ADOPTEZ UN MODE DE VIE SAIN

Vous êtes épuisé, vous avalez de la junk food sur le pouce, passez le plus clair de vos journées rivé à un écran ? Difficile dans ces conditions de se sentir serein et apte à apprécier les petits bonheurs de la vie. Allez hop, on se reprend en main !

Testez la sieste

Extrêmement bénéfique si elle est « maîtrisée », la sieste aide à lutter contre un coup de pompe ou un coup de blues. Évidemment, il est difficile de s'endormir sur commande, mais se reposer et somnoler peut être suffisant pour récupérer. Si votre travail vous le permet, choisissez un lieu calme entre 12 et 15 heures (vous risquez de perturber le sommeil nocturne si c'est plus tard) et détendez-vous entre dix et trente minutes.

Les règles de base d'un sommeil très... positif !

Dormir huit heures par nuit est idéal... Mais pas toujours possible ! Voici quelques astuces pour appeler Morphée :

- Identifiez votre « sleep profil ». Êtes-vous du soir ou du matin ? Avez-vous besoin de peu d'heures de repos ? Pour ne pas contrarier votre rythme, repérez-le et aménagez votre vie pour le suivre au plus près.
- Soyez régulier. Le sommeil aime bien le train-train et tant pis si cela n'est pas compatible avec une vie endiablée... mais mieux vaut se coucher et se lever toujours à peu près à la même heure.
- Ne laissez pas passer le « petit train du sommeil ». Dès que les signes apparaissent (bâillements, yeux qui se ferment), ne luttez pas, allez vous coucher !
- Oubliez café, soda, alcool, vitamine C et cigarette en fin de journée. Tentez plutôt la tisane de mémé (même si ça fait se lever la nuit...).
- Dînez léger. Digérer un plat gras et lourd mobilise l'énergie de votre corps et le fait travailler en surrégime... Plutôt contre-indiqué quand on veut faire un gros dodo !
- Pas de sport intense après 18 heures. Ce n'est pas le moment de recevoir une dose massive d'adrénaline ! Néanmoins, faire du sport dans la journée favorise le sommeil : bougez le matin pour vous dynamiser.
- Éteignez les écrans. Les réseaux sociaux attendront demain !
- Créez-vous un « cocon » pour dormir. Température agréable, lieu calme, literie confortable, lumière douce, vêtements douillets...
- Faites de votre réveil un moment délicieux (si, c'est possible) : sonnerie de réveil non agressive, lumière douce, petit-déjeuner agréable, douche parfumée... Ce sont autant de rituels qui aident à commencer la journée en *mood* UP.

Jour 9

Bien dans son corps, bien dans sa tête !

- **Mangez vrai.** Pas besoin de vous répéter « Mangez cinq fruits et légumes par jour » ou « L'abus d'alcool est dangereux pour la santé ». Ces messages, vous en êtes saturés ! Sans chercher à avoir une alimentation parfaite, répondant à toutes les exigences diététiques possibles, consommer moins de produits industriels, mais plus d'aliments de saison, variés, ayant de vraies qualités nutritionnelles, donnant du plaisir… c'est totalement UP attitude.

- **Bougez.** Si vous n'aimez pas le sport, que vous n'arrivez pas à être assidu, pensez plutôt en termes de « mouvement ». Dans la journée, transformez de nombreux moments en activité physique : contractez les fessiers pendant un trajet en bus, serrez les abdos en perdant du temps dans un embouteillage, faites des étirements au moment d'une pause…

- **Dormez mieux.** Nous ne le répétons jamais assez ! Si vous êtes stressé, vous dormez mal. Donc vous êtes irritable, énervé, fatigué… Le sommeil est un des piliers de la UP attitude. On le dit « réparateur » et ce mot a vraiment un sens quand il s'agit de chercher à aller mieux.

5 raisons pour prendre soin de vous

On ne dira jamais assez que se chouchouter a de multiples bienfaits non négligeables ! Pour prendre soin de vous :

-1-

Préservez votre santé. Vous luttez contre les maladies cardiovasculaires, l'obésité, le diabète, la sédentarité, etc., et vous vous protégez du vieillissement.
Pour rappel, les trois facteurs de risque concernant les maladies cardiovasculaires et la plupart des cancers sont : la mauvaise alimentation, le tabac et la consommation excessive d'alcool.

-2-

Améliorez votre estime de vous. Votre corps reflète votre état émotionnel. Une timidité que l'on voudrait cacher ? Épaules rentrées, mains moites. Colère ou peur à l'horizon ? Rougeur, pâleur, sueur. Écoutez les signaux de votre corps, c'est entendre des messages d'alerte (voir page 40). S'en occuper, c'est reconnaître votre valeur et franchement ça dope l'estime de soi !

-3-

Développez vos performances intellectuelles. Si vous mangez de façon équilibrée, pratiquez une activité régulière et dormez, alors les performances sont boostées et l'absentéisme au travail est réduit !

-4-

Renforcez votre vie sociale et sentimentale. Si vous êtes mal dans votre corps, vous aurez peut-être tendance à vous isoler. Évidemment, avoir des amis et trouver l'amour n'est pas réservé qu'à un type de personne ! Mais se sentir bien dans sa peau, à l'aise dans son corps rend plus facile le fait d'aller vers les autres.

-5-

Gérez le stress et les émotions. Vous encaissez une remarque désagréable de votre patron, de votre collègue ou même de votre partenaire ? Vous devez prendre la parole en public ? Gérer des enfants turbulents ? Trouvez l'exemple qui vous convient ! Dans tous les cas, ça sera difficile à gérer si vous avez un repas lourd à digérer, une nuit trop courte à rattraper ou même une gueule de bois à dissiper.

Jour 10

RALENTISSEZ POUR VIVRE EN TOUTE QUIÉTUDE

Yoga, méditation, pleine conscience… vous en entendez parler partout, vos réseaux sociaux en sont envahis, les rayons de votre libraire en sont pleins. Vous aimeriez bien en mettre dans votre vie, mais l'idée même de méditer, de respirer profondément ou d'écouter des playlists « chants tibétains » vous agace. Comment faire pour profiter des bienfaits de toutes ces pratiques, pour les intégrer à une démarche UP attitude ?

Deux éléments indispensables pour tempérer votre vie

- Revenez à l'essentiel et arrêtez la spirale du « toujours plus ». Parce que la vie ne sera pas meilleure après avoir fini ce dossier, après avoir fait le ménage ou après avoir gagné plus d'argent. Remplacer l'urgence par le plaisir est un moteur de la UP attitude.
- Revoyez vos priorités. Faites des choix et concentrez-vous sur l'essentiel pour pouvoir le savourer.

mes ASTUCES

Posez-vous des questions avant d'accepter une proposition. « Est-ce que cela me convient ? », « Si j'accepte, aurai-je vraiment le temps de le faire ? » La vraie productivité, ce n'est pas de faire mille choses à la fois, mais de profiter pleinement de ce que l'on fait et de bien le faire. Non ?

5 astuces pour perfectionner votre routine douceur !

-1-

Fixez quatre à cinq tâches importantes à accomplir tous les jours. Si vous arrivez à faire plus, c'est du bonus et cela vous rendra fier.

-2-

Prévoyez du temps pour vous rendre à un rendez-vous. Si vous êtes en avance, cela vous laisse le temps de faire une pause en vous concentrant sur votre respiration, par exemple.

-3-

Au lieu de dire « Il ne me reste qu'un quart d'heure pour faire ça », dites-vous plutôt « En un quart d'heure, j'ai du temps pour bien faire ce que je dois faire ». Cela retire la pression que vous vous mettez tout seul.

-4-

Devenez mono-tâche. Faites une seule chose à la fois, mais faites-la bien pour pouvoir passer à une autre.

-5-

Gardez une soirée par semaine où vous ne prévoyez rien et planifiez un week-end par mois où… vous ne faites rien non plus ! Ça vous laisse la possibilité d'improviser et surtout… de ne rien faire.

Jour 10

Méditez en pleine conscience

L'idée est de se focaliser sur le « moment présent » pour freiner la rumination mentale. Concentrez-vous sur votre respiration – inhalation, expiration – et répétez chaque fois qu'une pensée parasite vous traverse l'esprit (ce qui arrive en permanence !). Commencez par tenir deux minutes (mettez un minuteur sur votre téléphone) puis augmentez le temps au fur et à mesure des progrès.
Cette « pause » peut se faire en tout moment et en tout lieu : le stress est atténué, l'esprit plus serein.

Vivez en pleine conscience

La pleine conscience peut se pratiquer dans des tas de gestes du quotidien et vous permet de vous concentrer. Voici six techniques pour ceux qui n'arrivent pas à se reconnecter autrement que par l'activité :

- Marchez lentement, sans but précis, en accordant vos pas à votre respiration : le but n'est pas de faire des kilomètres mais juste d'apprécier le moment. Portez votre attention sur vos sensations. Quand l'esprit vous emmène ailleurs, remarquez-le simplement sans culpabiliser, et recentrez l'attention sur la marche.
- Faites votre toilette. En prenant votre douche, concentrez-vous sur la sensation de l'eau sur votre peau, le parfum de votre savon et la température de la pièce.
- Cuisinez. Ça peut être un moment privilégié où la pleine conscience peut apporter beaucoup. Portez votre attention sur des gestes, des ingrédients, leurs couleurs, leurs odeurs, le bruit des ustensiles… Goûtez et savourez la préparation, prenez le temps de faire mijoter… et recentrez votre attention si elle dérape.
- Mangez. N'avalez pas votre repas en pensant à autre chose et savourez à chaque bouchée. Concentrez-vous sur les sensations que vous apportent les aliments pour canaliser vos pensées. Mâcher longtemps permet aussi de ralentir le rythme et d'apprécier les aliments.
- Écoutez de la musique. Non pas en bruit de fond, mais en vous concentrant réellement sur ce que vous écoutez, sur les émotions que vous ressentez.
- Occupez-vous chez vous ! Faites la vaisselle ou caressez votre chat : le principe est toujours le même. Concentrez-vous sur votre ressenti.

Jour 11

LIBÉREZ-VOUS DE VOTRE PASSÉ

Votre expérience est responsable de ce que vous êtes aujourd'hui. Vous êtes le résultat unique d'une existence unique. Mais votre passé peut être lourd à porter, laissant des cicatrices émotionnelles à vif et influençant votre comportement dans le présent. Apprenez à ne plus souffrir des blessures et à y puiser votre force pour avancer !

N'oubliez pas vos traumatismes

Vous avez des souvenirs que vous aimeriez vraiment oublier : « Si cela avait pu se passer autrement ? » Il est sain de vouloir rompre, car votre instinct trouve une solution pour tout reconstruire. Seulement, tous les souvenirs finissent par ressurgir, peut-être très longtemps après, avec un effet boomerang encore plus douloureux. Les oublier ? C'est refuser la réalité pour se protéger.

À SAVOIR

Vous vivez dans l'instant présent : ce que vous appelez « passé » est un ensemble de souvenirs, d'images et d'émotions ressenties, totalement révolus. Pourtant, vos émotions du moment font écho à celles du passé. Les anciennes se ravivent et vous font souffrir. Pour avancer et ne plus avoir mal quand celles-ci sont douloureuses, comprenez-les et utilisez-les pour l'avenir.

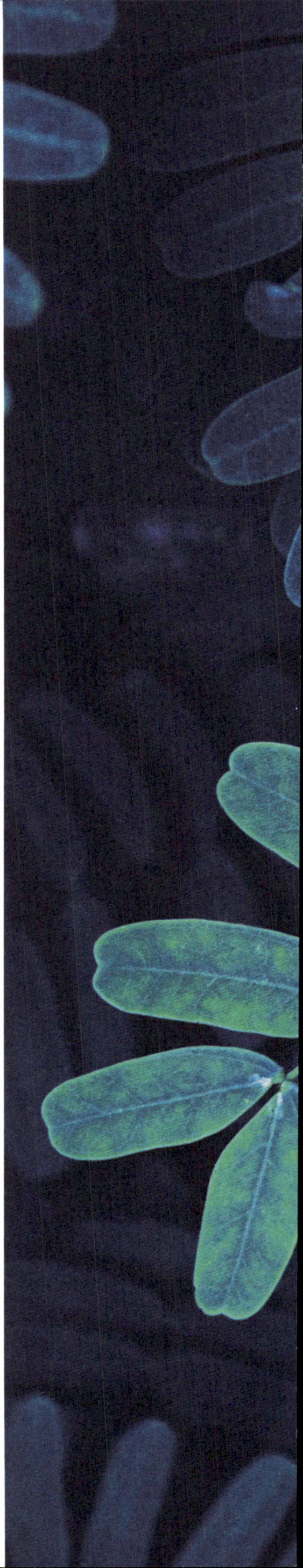

ZOOM sur

L'AMNÉSIE TRAUMATIQUE

L'amnésie traumatique est la perte de la mémoire, totale ou partielle, d'un ou plusieurs événements violents. C'est un mécanisme de défense qui permet au cerveau de « disjoncter » lorsque la personne vit un événement brutal.

D'abord constatée au début du XXe siècle par les soldats traumatisés par la guerre, l'amnésie touche aussi les personnes ayant subi des violences sexuelles, d'autant plus si elles sont vécues enfant.

Lors du choc, les victimes ne prennent pas conscience de ce qu'elles ont subi. Le souvenir, « verrouillé », est inaccessible à cause de la dissociation entre les systèmes émotionnels et la mémoire. Ça peut durer plusieurs mois voire plusieurs années après les faits. Pendant l'amnésie, les victimes ressentent généralement une sensation de vide, une souffrance. Elles ont l'impression d'avoir subi quelque chose sans y mettre de mots, d'images. Ce n'est que quand elles ne sont plus exposées à la violence ou lors d'un changement radical dans leur vie, que le souvenir refait surface.

Si vous êtes victime de ce trouble, sachez qu'il existe de nombreuses associations telle que Mémoire traumatique et victimologie, pour vous aider à surmonter cette douleur et libérer la parole.

Jour 11

5 astuces pour gérer vos émotions

Vous n'avez pas choisi de vivre les événements qui ont jalonné votre vie ni les douleurs qui en ont découlé. En revanche, vous pouvez en faire un terreau fertile !

- 1 -

Faites un choix. Posez-vous les questions : « Voudrais-je continuer ainsi ? », « Est-ce confortable d'être une victime ? » La réponse est claire : NON.

- 2 -

Ne culpabilisez plus. Vous n'êtes pas responsable. Vous n'avez donc pas à en porter le poids.

- 3 -

Regardez vos blessures autrement. Ces souvenirs sont révolus, vous ne les vivrez plus. Aujourd'hui, vous avez grandi et vous avez plus de maturité : ce recul est précieux pour mettre des mots justes sur ce que vous avez vécu.

- 4 -

Acceptez. Vous n'oubliez pas, mais vous voulez que ça n'influence plus votre vie. Vous ne changez pas ce qui vous est arrivé, mais le regard que vous portez là-dessus. Vous dépassez le ressentiment, l'envie de vous venger, la haine parfois. Vous vous libérez.

- 5 -

Soyez patient. Vous l'avez entendu : le temps guérit toutes les blessures. Il atténue les émotions ressenties, apaise la douleur. La patience est donc essentielle et salvatrice.

Les essentiels pour vous libérer

- **Rappelez-vous votre courage.** C'est cette énergie, cette source de survie que vous devez valoriser et aimer en vous. Posez-vous les questions : « Qu'est-ce qui m'a permis d'avancer malgré les difficultés ? », « Qui m'a donné l'envie de me bouger ? », « Quels objectifs m'ont permis de tenir debout ? »
- **Acceptez vos blessures.** Vous n'en souffrirez plus car vous en ferez une force. Vous allez vous épanouir en les dépassant.
- **Ne portez plus le fardeau.** Libérez-vous des secrets douloureux, de la famille, des traditions qui ne vous conviennent pas… La liste est longue ! Vous ne devez rien à personne car vous n'en êtes pas responsable.

Jour 12

PROTÉGEZ-VOUS DES PERSONNES TOXIQUES

À moins de vivre sur une île déserte loin de la civilisation, vous êtes forcément entouré de personnes « toxiques », à savoir : des pessimistes, des aigris, des tristes ou des manipulateurs... ! (Vous en connaissez bien un, non ? Plusieurs peut-être !) S'éloigner de ces « pollueurs », ou au moins être moins sensible à leur influence, est une étape essentielle du mode UP !

Comment procèdent ces personnes toxiques ?

Vous passez un moment avec un ami, un collègue ou un membre de votre famille... Vous alliez plutôt bien avant de le voir mais là, vous avez un coup de mou, comme si sa mauvaise humeur était contagieuse... Ces personnes sont des Calimero qui utilisent la plainte pour interagir avec les autres.

À SAVOIR

Si vous êtes en bons termes avec vous-même, vous le serez avec les autres. Les gens toxiques, vous l'aurez compris, ne le sont pas car ils peuvent ressentir :

- Un sentiment d'insécurité : ils se sentent fragiles et sans protection.
- Un complexe d'infériorité : leur estime d'eux-mêmes est très faible.
- Une insatisfaction permanente et profonde : leur ego blessé ne se guérit pas.

Repérez les pervers narcissiques

Ils sont à fuir ! Leur emprise peut être très dangereuse. Voici quelques indices pour les identifier :

- Ce sont de grands séducteurs : au début d'une relation amoureuse, votre pervers narcissique est un vrai prince charmant.
- Ils ont plusieurs facettes : le prince charmant se transforme en tyran odieux. Les autres ne peuvent pas le croire.
- Ils font le vide autour de vous : ils vous coupent de votre entourage.
- Ils sont violents psychologiquement : ils vous dénigrent sans cesse, vous humilient, et peuvent aller jusqu'à la violence physique pour vous contraindre au silence.
- Ils ont des phrases « tout sucre tout miel » : c'est pour vous faire douter. Que le reste de leur personnalité n'est qu'illusion. C'est tout l'art de la manipulation.

Jour 12

5 manières pour reconnaître les gens toxiques

-1-

Ils sont pessimistes. Soyez attentif : ces personnes voient tout en noir et ne retiennent que les éléments négatifs d'une situation. En clair, ils ne sont pas du tout rassurants !

-2-

Ils se plaignent tout le temps. Ce sont des victimes permanentes qui ne font rien pour changer ! Ils frôlent la manipulation car ils cherchent votre compassion, ou pire, la provoquent. Vous vous sentez obligé de venir en aide et de rassurer. Épuisant.

-3-

Ils rabaissent tout le monde. Hé, tu t'es vu ? C'est leur façon de se valoriser mais ça cache aussi une forme de jalousie !

-4-

Ils veulent contrôler. Ils ont l'irrésistible envie de prendre le contrôle de votre vie par la peur et le chantage émotionnel : « Tu veux bien faire ça pour moi, s'il te plaît ? » Vous vous soumettrez ou vous n'accepterez pas, mais dans les deux cas vous culpabiliserez.

-5-

Ils ne prennent pas d'initiative. Ils ne cherchent pas de solution à leurs problèmes... mais s'en plaignent en espérant que les autres trouveront des clés à leur place.

4 astuces pour ne pas être envahi par les toxiques

- ☐ **N'entrez pas dans leur jeu.** Une personne est critique et se montre méprisante ? C'est son opinion et pas la vôtre.
- ☐ **C'est leur problème.** Même si vous avez de la compassion, montrez que c'est leur façon de penser qui les induit en erreur. Aiguillez-les pour qu'ils trouvent en eux des solutions.
- ☐ **Ne soyez pas (trop) empathique.** Montrez de la bienveillance pour les personnes dignes mais ne vous épuisez pas avec les toxiques ! Créez-vous une carapace pour ne pas vous laisser envahir.
- ☐ **Prenez des distances.** Il n'y a pas de secret, si vous pouvez les éviter, c'est mieux ! Ou alors mettez des limites saines en faisant comprendre que vous n'êtes ni une épaule pour pleurer ni un punching-ball.

Jour 13

L'ENFER, CE N'EST PAS LES AUTRES

On vous fait une remarque désagréable ? Vous la prenez en plein cœur, peut-être même que vous vous persuadez que l'autre a raison. C'est bien naturel, mais douloureux et pas totalement vrai. Pour aller vers le UP, transformez l'impact du regard des autres sur vous ! Ne les laissez pas commander votre vie !

Juger est subjectif

Porter un jugement sur quelqu'un, c'est analyser son comportement avec ses « lunettes », c'est-à-dire ses filtres fabriqués à partir de ses propres croyances et de ses expériences. Le jugement est donc très personnel, il n'est pas réel. Toute remarque venant de l'autre révèle en fait sa façon de voir la vie et ses mécanismes.

mes ASTUCES

Si quelqu'un met le doigt sur un défaut, c'est qu'il est susceptible de l'avoir. Pensez alors : ce ne sont pas vos problèmes qu'il critique, mais le reflet des siens… Ça change tout, non ?

3 astuces pour vous protéger du regard des autres

-1-

Vous n'avez besoin de personne pour vous juger. Usez encore et encore de votre propre jugement et essayez de le rendre le plus neutre possible (voir page 52). Et, de toute façon… persuadez-vous d'une chose : vous avez de la valeur et vous méritez d'être aimé !

-2-

Ce n'est pas votre faute si l'on vous critique. Vous ne pouvez pas contrôler ce qui se passe dans la tête des autres, tout comme vous ne souhaitez pas qu'ils prennent le pouvoir sur vous. Donc, leurs attaques sont comme un coup d'épée dans l'eau. Respirez, vous pouvez lâcher prise.

-3-

Comprenez pourquoi cette remarque vous atteint. Quelle corde sensible a-t-on touchée ? Inutile de perdre votre temps à ruminer et à blâmer, vous gaspillez votre énergie inutilement. Faites même preuve de compréhension : peut-être que leur réaction est due au stress, aux émotions mal gérées, à des blessures profondes… Traitez-les comme vous aimeriez être traité, déployez toute votre bienveillance.

Jour 13

Votre enfant, « huitième merveille du monde »

Vous le prenez en photo à chaque instant, émerveillé par tant de beauté, vous vous extasiez sur chaque gribouillis : en bref, votre enfant est le plus beau, le plus fort, le plus intelligent (c'est marrant, les miens aussi !). Rien de plus naturel, mais cela peut être préjudiciable car votre « trésor » va passer sa vie à avoir peur de vous décevoir, puisqu'il est parfait.

Et ce sera pire à l'adolescence car c'est un âge où votre enfant voudra vivre ses propres expériences et se détacher de la famille. Il aura besoin de s'opposer pour s'affirmer et ce sera plus difficile s'il est survalorisé : il aura peur de perdre son statut de « centre du monde » ou à l'inverse, il cherchera l'échec (mauvais résultats scolaires, mauvaises fréquentations, etc.) pour vous montrer que vous avez tort.

Le conseil ? Trouvez un juste milieu, c'est la voie de la UP attitude ! En lui donnant confiance et en l'estimant, mais en lui faisant comprendre que la vie apporte des expériences décevantes qu'il faut arriver à surmonter. Surtout, aidez-le à développer son propre jugement pour qu'il ne dépende pas de celui des autres.

ZOOM sur

LE HARCÈLEMENT

Qu'il soit scolaire, moral, sexuel… au travail, sur les réseaux sociaux ou dans la sphère privée, le harcèlement est une violence répétée qui peut être verbale, physique, sexuelle ou psychologique.
C'est un comportement offensif et perturbateur, générant chez la victime un sentiment d'angoisse et de mal-être. On parle de harcèlement quand ces deux facteurs se conjuguent :

- **La répétition :** les comportements menés par le harceleur ont été répétés et sont susceptibles de continuer.
- **Le déséquilibre :** le harceleur utilise son « pouvoir » pour exercer un contrôle ou perpétrer une série d'actes portant préjudice à la personne harcelée.

Le rejet peut se porter sur certaines caractéristiques : l'apparence physique (poids, taille, couleur ou type de cheveux), le sexe, l'identité de genre, l'orientation sexuelle ou supposée… et tant d'autres facteurs. Le harcèlement, quel qu'il soit, est un délit puni par la loi.

Pour rappel : que vous soyez victime ou témoin de faits de harcèlement, appelez le 3020.
Pour dire stop aux violences sexuelles, appelez le 3919.

Jour 14

LIMITEZ LES FLUX MÉDIATIQUES ET CULTURELS DOWN

Vous allumez la télévision : c'est une succession de mauvaises nouvelles qui vous assaille. Ensuite arrive une page de publicité qui vous crée des besoins et vous pousse à la consommation. Détendez-vous ! Votre environnement n'est pas idyllique mais vous allez apprendre à vous préserver.

Les infos, du négatif 24 h/24

Vous avez constaté que votre environnement (société, médias, réseaux sociaux…) vous abreuve de données pas vraiment *Youkaïdi Youkaïda* (comprenez : PAS COOL !).

- **Nous sommes intéressés par l'extraordinaire.** On ne vous parlera pas du métro qui a bien fonctionné, aucun intérêt ! En revanche, revenir pendant des heures sur les grèves qui ont paralysé tout le réseau, ça, on aime bien !
- **Nous aimons les sensations fortes.** Les catastrophes nous impressionnent et nous font prendre conscience de la chance que nous avons. Les faits divers en sont de parfaits exemples !

À SAVOIR

Vous êtes beaucoup plus sensibles aux informations négatives. Par exemple, les bébés reconnaissent plus vite un visage mécontent dans une foule, car les stimulus négatifs s'impriment plus rapidement dans la mémoire. C'est pour cela que vous retenez mieux les informations négatives.

Essayez une journée sans télé !

Les chaînes d'info 24 h/24, les émissions où les gens se querellent, pleurent, s'invectivent ou encore les pubs qui vous vident le porte-monnaie… vous pourriez vous en passer !
Trouvez-vous vraiment des programmes instructifs, beaux et drôles ? Et si, pour vous couper de ce flux de mauvaises ondes, vous éteigniez carrément le poste ? Évidemment, ça n'est pas pour vous ruer sur Internet afin d'enchaîner vidéos et séries ! Lire, passer du temps avec vos amis et même rêver sont, sans aucun doute, des activités qui apporteront plus de UP dans votre vie.

Jour 14

Écoutez Céline Dion sous la douche pour relativiser !

Une chanson, un film, un livre… Il existe grossièrement deux types de produits culturels : ceux qui font pleurer et ceux qui rendent gai. Avouez : vous avez plus d'émotions en écoutant Adèle que La Compagnie créole, car les émotions fortes ressenties par les artistes vont vous permettre, par identification, de relativiser vos propres difficultés. Pour certains, cela permet même de trouver des mots pour exprimer leurs sentiments.

Top 5 des titres qui remuent votre cœur

Hop ! Trouvez vos musiques qui vous font pleurer !

1- ____________________

2- ____________________

3- ____________________

4- ____________________

5- ____________________

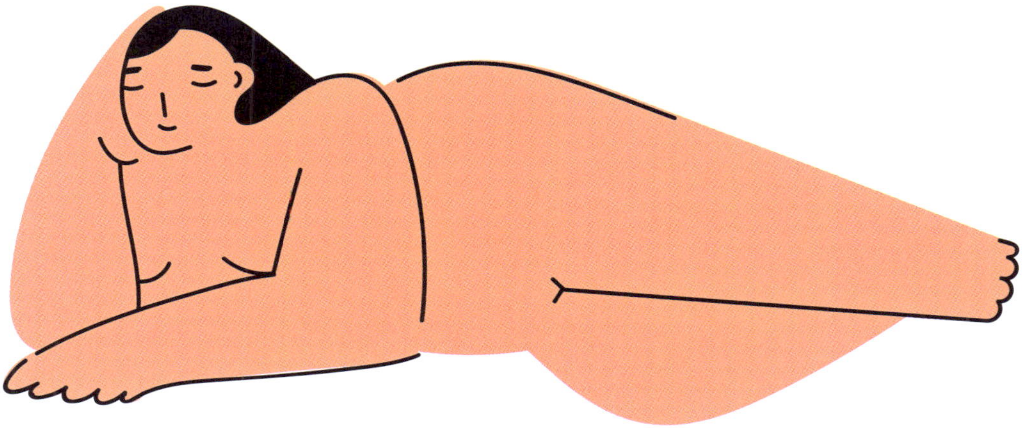

Adoptez 4 habitudes pour contrer le DOWN

-1-

N'écoutez pas en boucle les infos. S'informer est important. Mais écouter dix fois la même annonce en une heure peut être très anxiogène. Cherchez à faire la part des choses, à vous dire que ces faits négatifs ne sont pas une généralité.

-2-

Acceptez les événements. Vous n'en êtes pas responsable alors acceptez-les sans que cela vous affecte.

-3-

Ne prenez pas les publicités au premier degré. Décodez les stratégies commerciales et soyez fier de ne pas tomber dans le panneau.

-4-

Félicitez-vous d'être sensible aux émotions. Et même de pouvoir pleurer en écoutant une chanson triste.

Semaine 3

EXPLOREZ LE MEILLEUR **DE VOUS-MÊME**

Vous êtes un prototype rare ! Vous avez peut-être du mal à le croire, mais vous êtes un modèle unique et le fruit d'une longue histoire, de nombreux apprentissages. Il y a de quoi être fier de vous et reconnaître que vous avez des ressources inépuisables. À vous de savoir vous mettre en valeur, de connaître tout ce qui est bon en vous, d'exploiter vos talents, de développer votre aura. Vous méritez d'être UP !

Jour 15

ÉCOUTEZ VOTRE INTUITION

Vous ne savez pas d'où cela vous vient, mais, face à une personne ou un problème, vous pressentez ce qui va se passer, la confiance qu'il faut accorder, le bon chemin à prendre. Pour certains, il s'agit d'une petite voix (encore une !) qui les informe ; pour d'autres, c'est une sorte de certitude qui s'impose. Si la raison nous permet de faire des choix, l'intuition nous guide de façon plus spontanée, mais peut être plus risquée. Lui faire confiance ne serait-il pas très UP attitude ?

L'intuition, c'est magique ou ça s'explique ?

Vous avez déjà expérimenté ce fait lorsque, sans savoir pourquoi, la réponse vous vient comme un éclair de génie. Les scientifiques ont bien évidemment cherché à comprendre comment ce phénomène se produit : une zone particulière du cerveau, véritable base de données de la mémoire sensorielle et émotionnelle, semble dédiée à ce « pressentiment ». Devant une situation ou une personne nouvelle, le cerveau scannerait toutes ces informations et nous enverrait une sorte d'alerte, comme un flash info. Nous serions capables, en une fraction de seconde, de faire l'inventaire des situations similaires déjà vécues, et de faire une synthèse immédiate de nos expériences, qui nous permettrait de « sentir » s'il faut agir de telle ou telle manière.

Glossaire de l'instinct, le désir et la projection

L'intuition est très fine car elle n'est pas explicable avec des mots, alors parfois, vous pouvez vous tromper. Petit glossaire pour reconnaître ses cousines :

- L'instinct. Il n'est pas lié aux expériences vécues, c'est une sorte d'alerte pour assurer votre survie dans des situations dangereuses. Par exemple : « Je dois sortir de cette pièce qui sent le gaz. »
- Le désir. Là, c'est « prendre ses désirs pour des réalités », souhaiter qu'un espoir secret se transforme en quelque chose de concret. Par exemple : « J'ai tellement envie que la banque m'accorde ce prêt ! Je sens que ça va marcher. »
- La projection. Vous pensez que l'autre éprouve les mêmes sentiments que vous, alors que c'est vous qui doutez. Par exemple : « Ma femme a envie de me quitter. »

Jour 15

6 raisons qui vous empêchent d'écouter votre intuition

- 1 -

Vous manquez de confiance en vous. Vous ne risquez pas d'écouter votre sixième sens si vous êtes en permanence dans le doute, la méfiance, la peur…

- 2 -

Vous avez une faible estime de vous. Vous êtes entièrement occupé par vos frustrations et vos blessures. Vous ne pouvez pas valoriser une pensée qui surgit instinctivement, vous la rejetez puisqu'elle n'a pas de valeur.

- 3 -

Vous avez besoin de rationalité. Croire à une pensée « magique » ? Impossible. Vous avez besoin de tout analyser, de penser, de peser le pour et le contre… pas de prendre une décision sur un coup de tête !

- 4 -

Vous écoutez les autres. Vos décisions sont dictées par ceux à qui vous déléguez ce pouvoir… (voir page 69).

- 5 -

Vous avez peur de l'échec. Même si vous ressentez quelque chose, vous ne le faites pas. À la limite, vous allez totalement à l'encontre de ce que vous ressentez pour éviter de vous tromper.

- 6 -

Vous vivez dans le passé ou l'avenir. Vous n'êtes pas en connexion avec le moment présent, avec le ressenti de votre corps… Vous ne laissez pas venir ces pensées fugaces avec une grande lucidité.

Les essentiels pour développer votre intuition

- Écoutez votre voix intérieure (voir page 42). L'écouter, la suivre et lui faire confiance. Sans tomber dans l'excès qui serait de rejeter la logique, cherchez un équilibre où vous tenez compte des indications de votre intuition, qui vous donne un bon départ.
- Restez calme. Comment entendre une petite voix si tout n'est que bruit et agitation autour de vous ? Pour pouvoir repérer les signes envoyés par l'intuition, mieux vaut prendre le temps de se recentrer sur soi, de se mettre un peu à l'écart pour faire une pause, se détendre, respirer…
- Écoutez votre corps. Grâce à lui, vous avez des perceptions qui viennent de vos sens, sans passer par la réflexion ou la logique. Les douleurs, les maux, les symptômes sont aussi des avertissements qui vous indiquent qu'une situation ne vous convient pas. Prêtez attention à ces signaux.
- Sentez-vous libre. Pour pouvoir écouter votre intuition et la suivre, il ne faut pas être retenu par des chaînes. Autorisez-vous à tenter de nouvelles activités, rencontrer de nouvelles personnes…

Jour 16

TRANSFORMEZ VOS CONFLITS EN DIALOGUE CONSTRUCTIF

Avec vos proches, le ton peut vite monter et ça vous met en colère. Conscient que c'est une perte d'énergie considérable qui va à l'encontre de votre épanouissement personnel, vous avez envie de changement. Et c'est possible. Testez la CNV, c'est totalement UP attitude !

La CNV, un atout indispensable

C'est une méthode qui vise à créer des relations fondées sur l'empathie, la compassion, la coopération, le respect de soi et de l'autre. Il s'agit d'un outil de communication, essentiellement verbal, qui peut aider à la résolution de conflits entre deux personnes ou dans un groupe. En pratique, elle permet également de cerner vos besoins profonds et de vous responsabiliser de manière autonome.

À SAVOIR

L'efficacité de la méthode fut testée à sa création dans diverses institutions américaines faisant l'expérience de conflits raciaux et socioéconomiques, très répandus à l'époque. Depuis les années 1990, la méthode connaît de plus en plus d'adeptes en France, avec notamment de nombreux stages et développements en entreprise. Son efficacité n'est plus à prouver !

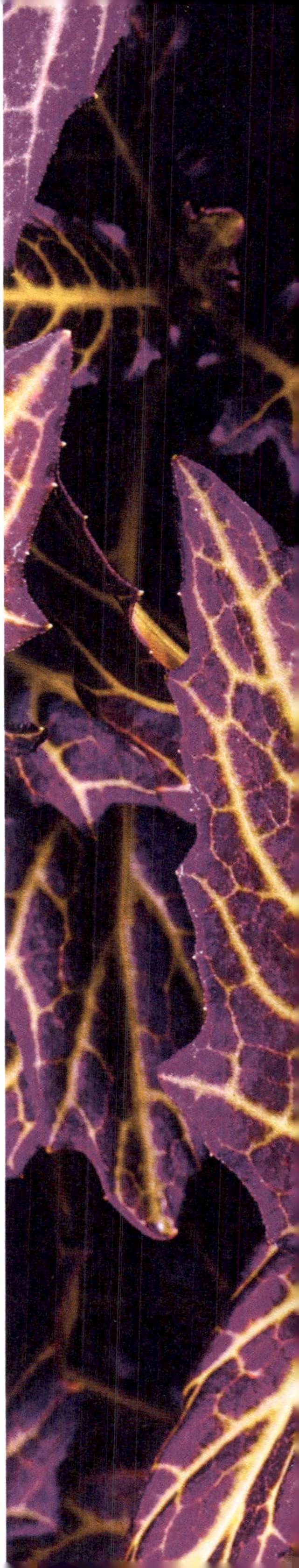

ZOOM sur

LA PYRAMIDE DES BESOINS

Il est important d'exprimer clairement vos besoins pour être compris par l'autre (il ne lit pas forcément les sous-entendus et ne comprend pas les messages que vous dissimulez partout). Ces besoins sont synthétisés sous forme de pyramide par Abraham Maslow : vous pouvez assouvir les besoins de chaque niveau de la pyramide… jusqu'à l'épanouissement.

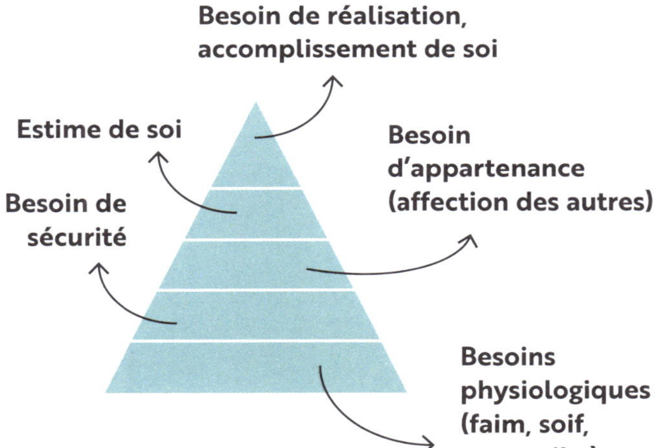

La célèbre pyramide de Maslow

Jour 16

4 astuces pour garder votre calme durant les crises

Cela vous semble impossible de rester zen en pleine dispute ? Avec de la pratique, vous comprendrez que crier ne suffit pas à se faire entendre, et s'affirmer ce n'est pas hausser le ton.

- 1 -

Observez les faits. Avant de hausser le ton, remettez en contexte le sujet de la dispute de façon objective, sans juger et sans accuser. Par exemple, privilégiez un « tu rentres tard, sans me prévenir » et non un « tu as vu l'heure à laquelle tu rentres ? ».

- 2 -

Exprimez votre ressenti. Dites clairement ce que vous éprouvez face à cette situation, sans interpréter : « Je suis en colère parce que tu n'as pas jugé nécessaire de me prévenir et je t'ai attendu. »

- 3 -

Identifiez vos besoins. Si vous réagissez violemment, c'est que cela touche quelque chose de sensible qu'il faut arriver à cerner. Écouter vos besoins vous aidera donc à changer de perception : « J'ai besoin que l'on passe du temps ensemble, que l'on partage nos soirées. »

- 4 -

Formulez votre demande. Exprimez ce que vous souhaitez sur un mode ouvert, sans exigence : « Je voudrais qu'à l'avenir tu me préviennes quand tu rentres tard pour que je ne m'inquiète pas et que je puisse occuper ma soirée. »

4 habitudes à adopter pour apaiser vos relations

- ☐ **Pratiquez l'écoute active.** Reformulez les phrases de votre interlocuteur pour montrer que vous comprenez son message. Il se sent compris et non agressé.
- ☐ **Soyez patient.** Ne cherchez pas à écourter la conversation pour en finir au plus vite. Ne finissez pas les phrases, ne soupirez pas… bref, ne soyez pas désagréable !
- ☐ **Soyez attentif aux émotions de l'autre à travers son langage corporel.** Vous voyez qu'il parle vite, qu'il regarde ailleurs… Observez ses gestes, sa communication non verbale pour mieux comprendre son ressenti.
- ☐ **Exercez-vous à la communication non violente.** Essayez, lors de petites frictions en adoptant les nouveaux réflexes, puis appliquez-la sans modération pour les moments délicats !

Jour 17

CHERCHEZ L'OPTIMISME

Optimisme peut rimer avec enthousiasme, un peu forcé parfois, je vous l'accorde, naïf ! Chassez ces préjugés et rassemblez toutes les ressources en vous qui mènent à la réussite et à l'épanouissement (inutile de vous répéter sans cesse que tout va bien !). Le verre à moitié plein, cela peut sembler anecdotique, mais c'est une façon de voir l'existence beaucoup plus UP attitude !

Projetez-vous heureux

Optimiste ou pessimiste, vous avez différentes manières de vous projeter dans l'avenir et d'anticiper. Heureusement que tout n'est pas blanc ou noir ! Mais en étant plus « optimiste », vous vous donnez la possibilité d'agir. Vous poursuivez vos objectifs avec ténacité, malgré les obstacles et les revers. Cet optimisme « actif » est donc un catalyseur de ressources, un booster de UP !

À SAVOIR

Attention, optimisme ne rime pas avec insouciance ! Dans certains contextes, difficile d'envisager une issue favorable sans prendre de risques : jouer une partie de plus à ce jeu, avoir un rapport sexuel non protégé, boire un énième verre avant de prendre la route... Cette forme de « pessimisme » vous mène vers la prudence, et il ne faut pas vous en priver !

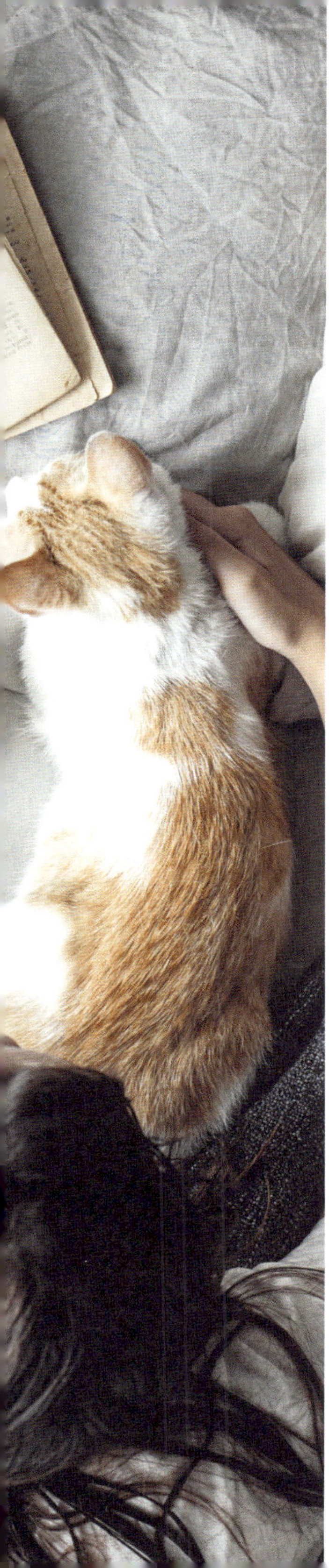

L'optimisme, indispensable à votre santé

Des études scientifiques le prouvent, être optimiste est vraiment bénéfique pour l'état général de votre santé, alors go !

- Vous aurez moins de stress, moins de symptômes dépressifs ;
- Vous développerez vos performances scolaires, professionnelles et sportives ;
- Vous saurez rebondir après un échec ;
- Vous renforcerez votre système immunitaire.

2 essentiels pour perfectionner votre mood

Votre optimisme va agir sur votre comportement et votre mental. Ce combo indissociable de la réussite va vous aider à persévérer et réussir autant que possible.

- Envisagez d'abord un but accessible et imaginez que la réussite est possible. Être optimiste pour un projet permet de maintenir les efforts pour parvenir à son but.
- Augmentez les émotions agréables. Cela peut avoir des conséquences sur le corps : moins de production d'adrénaline et de cortisol (hormones du stress), meilleur sommeil, moins de compulsions alimentaires... tout bénéf !

Jour 17

Développez l'optimisme « concret »

Ce n'est pas parce que vous allez vous en remettre à votre bonne étoile que votre vie va s'améliorer : être optimiste, ça n'est pas attendre un coup de baguette magique, c'est construire sur du solide en se servant de ses forces. Il s'agit d'abord de savoir identifier quels sont les événements qui dépendent de vous et ceux sur lesquels vous n'avez pas d'emprise : l'optimiste sait reconnaître ses réussites et ses échecs dans les circonstances où il peut agir. Pour les aléas de la vie que l'on ne peut pas contrôler, rien ne sert de culpabiliser ou de se lamenter sur son sort.

Ainsi, développer un optimisme réaliste, c'est accepter la réalité, faire le nécessaire pour résoudre ses problèmes et trouver des solutions pour améliorer sa vie. C'est s'engager pour s'épanouir et marcher sur le chemin du UP : donner le meilleur de soi-même et maintenir ses efforts même face à une difficulté.

À SAVOIR

Être optimiste, ce n'est pas être passif, c'est finalement une énergie de chaque instant. Être optimiste, c'est construire le monde positif dans lequel on veut vivre : si l'on croit que les choses vont bien se passer, on est de bonne humeur, plein d'enthousiasme et de combativité.

À l'inverse, une personne pessimiste persuadée qu'elle ne réussira pas va s'arrêter au premier obstacle alors qu'elle aurait pu avancer si elle avait persévéré…

4 attitudes optimistes pour doper votre power

-1-

Sachez tirer les leçons du passé. Utiliser son expérience permet de prédire de façon plus fiable l'avenir.

-2-

Atteignez des objectifs réels. Ayez un discours qui autorise un résultat favorable et accessible.

-3-

Adaptez votre optimisme. Certaines circonstances ne se prêtent pas à un optimisme forcené. Parfois, il faut savoir prendre en compte les risques avec lucidité pour maintenir votre sécurité.

-4-

Assumez votre responsabilité. Vous avez fait preuve de compétences, de persévérance, de talent... et c'est pour cela que ça a marché !

Jour 18

DÉPASSEZ VOS LIMITES

La « loi de l'attraction », vous connaissez ? Il suffit de visualiser ce que vous souhaitez pour le voir se réaliser. Mais vous pouvez vite être déçu ! Pour atteindre un objectif, il ne faut pas se focaliser sur la « fin » mais se donner les moyens, en acceptant les obstacles qui se trouvent sur le chemin ! Beaucoup plus UP attitude.

Les effets contre-productifs de la loi de l'attraction

La théorie ? Vos pensées et votre attitude vont influencer le cours de votre vie : elles attirent les événements qui leur correspondent. Avoir des pensées « positives » attire donc des réalisations favorables, contrairement aux pensées « négatives ». Pourtant, les pensées négatives peuvent être motivantes et bénéfiques : mieux vaut anticiper et surmonter certains obstacles pour atteindre son but !

À SAVOIR

Être optimiste ou pessimiste n'est pas une donnée gravée dans le marbre. Il peut y avoir des moments où les choses sont plus faciles à envisager que d'autres. Développer une attitude d'optimisme constructif, c'est savoir que la vie peut être injuste et douloureuse, c'est être conscient que les problèmes font partie de l'existence mais que l'on peut s'en sortir si l'on cherche des solutions, si l'on travaille à son amélioration.

Cherchez l'obstacle pour vous transformer

En intégrant les obstacles dans votre démarche, vous devenez responsable de votre réussite tout en étant conscient des efforts que vous allez devoir fournir. Par exemple, vous souhaitez obtenir un diplôme vous permettant de progresser dans votre vie professionnelle :

- La loi de l'attraction : vous vous projetez en ayant réussi, savourant à l'avance les bénéfices de ce progrès.

  Résultat : votre cerveau n'a pas besoin de se mobiliser pour atteindre votre objectif, il se repose sur ses lauriers puisque le résultat est déjà « acquis ». Vous ne vous battez pas, et vous risquez d'échouer.

- Vous regardez objectivement les obstacles qui s'interposent sur le chemin de votre réussite, la difficulté, le stress, la peur de l'échec.

  Résultat : votre cerveau se mobilise pour puiser dans vos ressources, trouver des solutions, tirer des leçons de vos erreurs passées. Vous vous battez. Vous avez plus de chance de réussir.

Jour 18

Attirez la chance

Vous connaissez des personnes qui sont « chanceuses » et d'autres qui ont toujours la poisse ? La chance, ce n'est pas trouver des trèfles à quatre feuilles dans votre jardin ! Mais elle se travaille, comme votre UP. Pour la trouver, il suffit d'être attentif aux occasions : plus vous en aurez, plus vous en serez comblé !

- Misez sur le comportement. Par exemple, vous pouvez être plus ouvert aux autres et prêt à les aider ! Vous serez fier de votre bonne action et dites-vous que rares sont les occasions pour quelqu'un de renfermé et d'égoïste.
- Osez pour provoquer votre chance. Sortir de votre zone de confort, c'est vous donner l'occasion de faire des rencontres, de découvrir de nouveaux milieux et donc… de nouvelles possibilités.

5 étapes pour mettre toutes vos chances de votre côté

-1-

Acceptez les difficultés. Admettez que c'est une épreuve de la vie et non un sort jeté par votre voisine pas sympa. Inutile de ressasser et de se victimiser, c'est un défi qui vous est lancé et vous allez trouver des solutions.

-2-

Agissez. Face à un problème, mieux vaut ne pas perdre de temps à se lamenter. Ne rien faire, mettre la tête dans le sable, attendre de trouver une baguette magique ne fera certainement pas avancer le *schmilblick*.

-3-

Soyez conscient de vos faiblesses. Mieux vaut être lucide sur ses fragilités, car foncer tête baissée n'est pas un gage de réussite.

-4-

Faites-vous aider. Des personnes de votre entourage ont déjà vécu des épreuves similaires ou ont les mêmes difficultés. Si elles peuvent vous aiguiller pour trouver la bonne solution, profitez de leur expérience.

-5-

Visez l'objectif plutôt que le succès. L'accomplissement et la satisfaction sont plus liés au moyen qu'à la réussite.

Jour 19

COMMENCEZ VOTRE NOUVELLE VIE

C'est la dernière semaine ! Vous avez appris à comprendre et détourner votre négativité. Vous avez compris que vous pouvez agir et tenir les manettes de votre existence. Aujourd'hui, vous allez commencer un nouveau programme : celui de votre nouvelle vie ! En beaucoup plus jolie.

Commencez par vous fixer des objectifs

Vouloir améliorer sa vie, c'est renverser certains automatismes et modifier sa perception. Mais il vous sera difficile d'appliquer de façon concrète cette démarche si vous n'avez pas de fil conducteur : en gros, être mieux dans sa peau mais aller nulle part, c'est un peu dommage ! Se fixer un objectif est alors une sorte de défi qui vous motivera et vous rendra actif. Ça sera votre fil conducteur.

mes ASTUCES

Comment trouver votre premier objectif ? Il peut s'agir d'un constat général : vous n'êtes pas satisfait de votre travail, de vos relations, de votre situation financière... La liste est longue ! Vous avez de quoi puiser pour améliorer certains aspects de votre vie.

Priorisez vos objectifs

Vous êtes insatisfait sur tous les plans ? Bon, commencez plutôt par hiérarchiser vos objectifs. Et parfois pour y voir clair, il faut les noter noir sur blanc.

- ☐ Faites la liste de tout ce qui ne vous convient pas. Précisez les raisons.
- ☐ Énumérez à l'inverse, tout ce qui a beaucoup d'importance dans votre vie.
- ☐ Enfin, pensez à tout ce qui vous ferait plaisir et vous rendrait heureux.

Posez-vous les questions : « Si ma vie était plus satisfaisante, que m'apporterait-elle ? », « Si je n'avais pas besoin d'argent, quelles seraient mes activités ? », « Qu'est-ce que je pourrais faire bénévolement ? »

Vous y voyez plus clair dans vos valeurs essentielles ?

Jour 19

2 bonnes raisons pour vous y mettre

Un coup de mou ? Vous avez la flemme ou vous préférez le remettre à plus tard ? Vous n'avez aucune excuse ! En agissant, vous passez de l'immobilité au mouvement : le moteur est alimenté par le plaisir d'avoir entrepris quelque chose et la satisfaction d'agir.

- **Se fixer des objectifs, c'est se responsabiliser.** Devenez acteur de votre vie en arrêtant d'accepter la fatalité... Créez une nouvelle réalité en transformant les choses et en prenant les commandes.
- **Se fixer des objectifs, c'est se libérer.** Vous pourrez croire que vous imposer des contraintes et faire des efforts peuvent être une forme de soumission. Il ne faut pas perdre de vue que c'est au contraire un choix : celui de prendre votre envol.

6 astuces de survie pour réussir

-1-

Distinguez rêve et fantasme. Un fantasme est une attente un peu exagérée alors qu'un rêve vient d'un désir profond en accord avec vous-même. C'est un objectif qui permet de dépasser vos limites : si vous l'avez bien cerné, vous savez que votre rêve vous mènera vers la UP attitude.

-2-

Autorisez-vous à y croire. Vous n'avez besoin de personne d'autre pour valider vos envies ou pour donner son approbation (voir page 68). Donc si vous vous mettez, croyez-y au maximum !

-3-

Essayez avant de renoncer. Trop facile d'abandonner. Ce n'est pas UP !

-4-

Avancez *step by step*. Et félicitez-vous de chaque victoire. Inutile de faire quatre séances de sport par semaine si vous laissez tomber au bout de quelques jours.

-5-

Inspirez-vous des autres. Particulièrement ceux qui sont parvenus à atteindre leurs objectifs. Les réseaux sociaux regorgent de gens qui expliquent leur parcours en montrant leurs obstacles et leurs réussites. Source d'inspi garantie !

-6-

Entourez-vous de gens motivants. On est d'accord : vous ne pouvez compter que sur vous-même mais vous pouvez exclure ceux qui ne croient pas en vous. En revanche, les personnes bienveillantes peuvent vous apporter un regain de motivation non négligeable !

Jour 20

PUISEZ DANS VOTRE IMAGINATION

Des rêves, vous en avez plein la tête. Certains totalement utopiques, d'autres totalement inaccessibles (à moins de gagner le gros lot), des rêves qui vous permettent de vous évader un moment mais qui ne se réaliseront jamais. Et puis il existe des rêves à portée de main pour lesquels il faut se bouger un peu. Mais ils peuvent devenir votre réalité. Les imaginer peut être un vrai levier pour vous mettre en action.

Visualisez votre réalité

Vous vous êtes déjà imaginé dans un lieu apaisant avec tout ce que vous aimez (mer, soleil, feu de cheminée, ruisseau…) ? Vous vous laissez porter par ce rêve éveillé. Vous ressentez le bonheur et sentez la chaleur que ce rêve peut vous procurer. Le but n'est pas d'être dans l'utopie, mais de stimuler les ressources qui sont en vous, les ressorts que vous possédez.

- **La visualisation créatrice** est la projection d'une réalité telle que l'on voudrait qu'elle soit. Le cerveau a une capacité d'imagination extrêmement puissante, et cette faculté peut influencer votre vie en mobilisant vos ressources.
- **La visualisation réactive** concerne vos expériences sensorielles et émotionnelles. Elle fait remonter à la surface les ressources que vous avez stockées.

À SAVOIR

Le cerveau ne fait pas la différence entre une image réelle et une image « imaginée » : il active les mêmes mécanismes. Par exemple, là, maintenant, pensez à une brioche sortie du four, bien dorée, merveilleusement parfumée… vous ne salivez pas ?

ZOOM sur

LE *VISION BOARD*

Très à la mode sur les réseaux sociaux, le *vision board* correspond à la version moderne du tableau en liège qui trônait au-dessus de votre bureau (avec carte postale « coucher de soleil » oblige). Mais attention ! Il ne suffit pas de coller une collection d'images pour que votre vie se transforme comme par magie ! Il faut y mettre un sens, une intention, une volonté… que cela corresponde vraiment à un objectif profond. Vous allez illustrer, mettre en image, le rêve que vous avez en tête, votre idéal de vie, la personne que vous voudriez devenir. Imprégné de ces images, le cerveau se met en mode « cherchons des solutions pour y arriver ».

Que cela soit en version papier ou numérique, collectez des images, des citations, des couleurs… qui provoquent une émotion, qui vous font vibrer, qui vous font vous sentir bien, qui vous donnent envie de mobiliser votre énergie vers ce point cible. Placez ce tableau (s'il est réalisé en papier) à un endroit où vous le verrez tous les jours, que cela soit votre fond d'écran ou que vous l'ayez suspendu dans votre chambre.

Ces images vous aideront à vous concentrer sur cet objectif, à entrer dans vos pensées. Cela oriente votre choix de vous focaliser sur ce que vous voulez obtenir. Ainsi, vos pensées créent vos sentiments et vont impliquer vos actions. Et grâce à ces actions… vous obtenez des résultats.

Jour 20

Fermez les yeux et détendez-vous !

En sophrologie, la visualisation permet d'améliorer votre état de stress, de perdre vos mauvaises habitudes (comme fumer ou grignoter), ou tout simplement de vous apaiser.

Comment la pratiquer ?

- Imaginez des situations qui ne sont pas encore arrivées (un examen, par exemple) pour observer la situation et vous y préparer. Vous pourrez mieux maîtriser cet événement.
- Créez une situation « imaginaire » pour la relier à un stress. Vous pouvez par exemple imaginer que vos soucis sont des briques placées dans un sac à dos. Déposez le sac, et videz-le pour vous apaiser.
- Revivez un moment agréable, afin de ressentir de nouveau les émotions positives. Ces sensations peuvent vous aider à vous motiver.
- Reconnectez-vous à vos sens et à vos émotions en pratiquant la pleine conscience. Vous pouvez par exemple imaginer votre dessert préféré. Interrogez les sensations de votre corps : arrivez-vous à percevoir, sentir sa texture, son goût, son odeur ? Quelles émotions cela vous procure ? Appétit, dégoût… ?

À SAVOIR

Peut-être qu'au début, vous aurez du mal à visualiser. Mais avec de la pratique, de la concentration et de la persévérance, vous allez finir par développer vos sens et votre imagination. Avoir l'impression de déguster votre dessert favori sans prendre un gramme, c'est fun, non ?

4 techniques pour visualiser UP !

-1-

Faites une pause. La visualisation, ce n'est pas penser à une situation qui fait rêver deux minutes pendant que vous faites des photocopies. Consacrez-y un petit moment.

-2-

Installez-vous dans un endroit où vous vous sentez bien. Coupez votre téléphone et concentrez-vous… Projetez-vous.

-3-

Imaginez une cible. Votre objectif est au centre. Tirez vos flèches vers la trajectoire dont la précision est telle qu'elles atteignent le cœur de la cible à tous les coups.

-4-

Débarrassez-vous des mauvaises habitudes. Visualisez-les comme quelque chose de repoussant. Vous pouvez aussi les piétiner… Bref, tout est permis !

Jour 21

EXPRIMEZ VOTRE VRAIE PERSONNALITÉ

C'est le dernier jour. Trois semaines et plus que vous essayez de changer radicalement votre vie : félicitations, vous êtes prêt ! Vous étiez soumis au conformisme, votre vision du monde était limitée et votre évolution contrainte. Derniers conseils pour vous libérer de vos entraves et montrer au monde votre âme intérieure, celle qui a explosé les codes en ajoutant de la surprise, de la couleur et de la joie !

La créativité, moteur de personnalité

Être créatif, ce n'est pas seulement composer des chansons qui feraient rougir Francis Lalanne. C'est aussi la capacité de créer quelque chose de nouveau, une tournure de l'esprit qui met en avant la curiosité, la souplesse et l'ouverture. La créativité vous permet de rebondir face aux aléas de l'existence, de tirer des enseignements de votre vécu et d'imaginer de nouvelles possibilités dans tous les domaines de la vie.

- Elle booste votre confiance. C'est chercher à corriger sans jamais abandonner ce qui vous donne foi en l'avenir.
- Elle vous permet de sortir des sentiers battus. Vous allez casser les schémas habituels et vous intéresser aux autres. Résultat : vous vous enrichissez.

À SAVOIR

La créativité est aussi bonne pour la santé ! Elle permet de vivre mieux et plus longtemps. La raison ? Elle active en permanence les connexions du cerveau, fait naître de nouveaux réseaux de neurones et permet de lutter contre le stress et l'anxiété. De quoi rester éveillé et jeune d'esprit !

Cassez vos routines

Être original avec vos proches, c'est montrer votre gratitude. En couple, entre amis ou en famille, cherchez des attentions nouvelles, lancez-vous des défis, ayez des rêves communs, même s'ils sont fous. Faites de vos relations une aventure extraordinaire et mettez tout en œuvre pour les vivre pleinement. En clair : cassez vos routines ! Pourquoi pas un *Secret Santa** à Noël ? Ou des séances photo « Dix ans après » entre amis... et tant d'autres idées pour marquer les esprits !

*Il s'agit d'une tradition de Noël, surtout dans les pays anglo-saxons, qui consiste à ce que plusieurs personnes s'offrent des cadeaux par le biais d'un tirage au sort.

Jour 21

5 astuces pour être créatif au quotidien

-1-

Découvrez de nouveaux lieux. Ou faites des activités culturelles, c'est une source de créativité inépuisable ! Sortir de sa routine enrichit l'imaginaire et offre des surprises.

-2-

Rencontrez des personnes d'horizons éloignés du vôtre. De milieux variés, de cultures différentes... Sortez de votre cercle d'amis et intéressez-vous aux gens.

-3-

Changez vos loisirs. Plutôt que de partir en club de vacances, faites un séjour à la ferme, osez une retraite de méditation... Bousculez votre routine.

-4-

Prenez des initiatives. Proposez, osez chez vous ou au travail ! Vous pouvez aider à innover votre milieu.

-5-

Enrichissez-vous quotidiennement. Faites-en sorte de développer vos compétences en permanence, d'acquérir de nouveaux savoir-faire, de vous former.

Petit coup de pouce pour vous affirmer

- ☐ **Pas d'autocensure, laissez jaillir.** Même s'il y a beaucoup de nouvelles idées, qu'elles semblent farfelues… le tri se fera de lui-même et il y aura sûrement quelque chose à en tirer.
- ☐ **Laissez exprimer votre fibre artistique.** Et faites rougir Francis ! Tout le monde a une sensibilité artistique. Même si vous ne savez dessiner que des bonshommes en forme de patate, même si vous chantez faux ou que vous dansez à contretemps… vous savez peut-être associer merveilleusement les couleurs, doser les épices ou créer des meubles à partir de bouts de bois de récup.
- ☐ **Chouchoutez votre esprit.** En vous fixant des challenges et autres idées, votre inconscient se livre à un travail de synthèse, de tri, d'association… et vous présentera LA bonne idée sur un plateau, sans prévenir. Bien sûr, ensuite, il faudra se mettre en mouvement pour la réaliser.
- ☐ **Pas de fatalisme.** N'imaginez pas que tout est gravé dans le marbre et que rien ne peut changer. Vous pouvez faire des choix et vous pouvez décider de faire autrement. Créez votre vie.

Conclusion

CONTINUEZ EN BEAUTÉ

En vingt et un jours, vous avez pris conscience de votre pouvoir : rien que vous, seul, pouvez prendre en main votre existence et la rendre plus belle. Vous êtes maintenant plus ouvert à vos émotions négatives, vous en faites des atouts. Vous êtes aussi plus indulgent et bienveillant envers vous-même, plus lucide sur l'origine de vos croyances limitantes et capable de les dépasser. En bref, vous savez que vous êtes acteur de votre bonheur et vous avez bien l'intention de jouer le rôle principal dans votre vie !

Mémo de survie en cas de doute

Pour vous conforter dans vos nouvelles routines, pourquoi ne pas utiliser ces phrases UP que certains vous incitent à répéter en mode mantra ?

- Je mérite d'être heureux et de réussir ce que j'entreprends.
- Je suis une personne valable et importante. Je me soucie de respecter les autres comme moi-même.
- J'ai le pouvoir de me changer.
- Je mérite d'être aimé des autres et de moi-même.
- J'ai la force de surmonter mes problèmes tout seul.
- Je suis mon propre expert et j'accorde aux autres le même privilège.
- Si je suis stressé, j'ai les ressources nécessaires en moi pour arranger ça.
- Je peux faire mes propres choix et prendre mes propres décisions.
- À partir d'aujourd'hui, je ne me soucie plus du passé.
- J'ai confiance en mon jugement et dans les décisions que je prends.
- Quand je me regarde dans le miroir, je vois une personne avec qui j'aimerais passer du temps et que je voudrais connaître mieux.
- Je peux pardonner aux autres et comprendre leur point de vue.
- Je ne suis pas affecté par la critique ou les opinions négatives : au contraire, elles me font progresser.
- J'accepte les compliments facilement et je partage mon succès avec ceux qui y ont contribué.
- Je peux choisir de vivre comme je le veux et donner la priorité à mes désirs.
- J'exprime mes idées facilement et je sais que les autres respectent mon point de vue.
- Je suis fier de mes expériences passées et je suis confiant au sujet de mes expériences futures.
- Je prends la vie jour après jour, étape après étape. Le découragement ne peut atteindre mon envie de réussir et ma capacité à aimer.
- J'apprécie chaque instant de ma vie : chaque moment est un cadeau que je dois découvrir et partager avec les autres.
- À partir d'aujourd'hui, je vais ouvrir mon cœur et mon esprit : je suis prêt à de nouvelles expériences et à rencontrer de nouvelles personnes.
- Je n'attends pas la perfection venant de moi ou des autres : la perfection n'existe pas.
- Je suis responsable de mon bonheur, je choisis d'être à l'écoute de mes envies.
- Je ne cherche pas l'amour à tout prix : quand il sera là, je le reconnaîtrai.

Imprimé par Graficas Estellas en Espagne

Pour le compte des éditions Marabout (Hachette Livre)

58, rue Jean-Bleuzen, 92178 Vanves Cedex

Dépôt légal : Décembre 2022

ISBN : 978-2-501-17617-0

2514954